U1076144

湛庐CHEERS

与最聪明的人共同进化

HERE COMES EVERYBODY

选择共情

The War for Kindness

[秘] 贾米勒·扎基
Jamil Zaki 著

张俊杰 译

中国纺织出版社有限公司

JAMIL ZAKI

贾米勒·扎基

- 知名心理学家、
  斯坦福大学心理学副教授
- 共情研究领域的新星

“共情危机”的吹哨人

贾米勒·扎基的童年颇为坎坷。父母在他 8 岁那年离婚后，他发现自己不得不学会“站队”。他的父母来自两个文化迥异的国家，母亲做事严谨且处处小心翼翼，而父亲则完全相反。因此，他被迫尝试去理解父母双方的观点，脑海中形成了两个不同的世界，这一挑战贯穿了他的整个童年。对他来说，这就像随时准备着把大脑无线电调到不同的频率，而且他很擅长。后来，他才意识到这是共情。

进入大学后，扎基便一头扎进有关共情的研究中。他发现，随着社会的飞速发展，人们越来越难以共情，职场中激烈的竞争、不同团体间的冲突乃至种族的隔绝与误解，都加剧了这种“共情危机”。于是，让更多的人“选择共情”成了他矢志追求的目标。他将大量的精力倾注于共情的应用与研究，先攻读了哥伦比亚大学心理学博士，继而又在哈佛大学做心理学博士后研究，这让他更能以科学且开阔的视角来看待共情。

共情研究的推动者和实践者

此如今，扎基是斯坦福大学心理学副教授，也是斯坦福大学社会神经科学实验室的负责人。他还是斯坦福大学跨学科研究机构 Bio-x 成员，该机构汇聚了临床医生、生命科学工程师、物理学家和计算科学家等，致力于通过寻找跨学科的解决方案来造福人类健康。

多年来对共情的研究让扎基发现了这样一个事实：共情不是一个人有或者没有的能力，而是需要时间和经历来发展的技能。

扎基和同事在斯坦福大学开设了一门名为“让我们更友善”的共情实践课。学生们每周都会被分配一次练习，并向他们汇报结果。在一次实践课中，一名学生读了一本关于某个女人和她的克隆体的科幻小说，这本小说让这个学生对自己的姐姐有了更多的理解：此前，这个学生经常生病，所以总嫉妒姐姐的健康，而姐姐则因为妹妹获得了所有的关注而怀恨在心。最终，姐妹俩认清了彼此的不健康心态并改善了关系。

此外，扎基还致力于将共情的研究成果应用于不同领域，比如，促使医护人员与患者实现共情的同时保持自己的健康，帮助管理者在组织内部建立善意的反馈系统以最大化激发团队活力，以及鼓励来自不同种族和立场的人们彼此产生共情。

同时，深知共情巨大传染力的扎基还把他关于共情的研究成果搬上了 TED 大会，该演讲轰动一时，引发了近 20 万的讨论量。

屡获大奖、声名卓著的心理学教授和作家

扎基丰富的教学经验和极具突破性的研究成果也为他带来了许多耀眼的光环。

贾米勒·扎基不完整获奖榜单

2012 年，哈佛大学杰出教学奖

2013 年，美国心理学协会“新星奖”

2014 年，斯坦福大学杰出教学奖

2015 年，美国心理学协会珍妮特·斯彭斯奖

2016 年，国际社会神经科学学会早期职业奖

2017 年，人格与社会心理学协会萨奇青年学者奖

2019 年，美国青年科学家总统奖

除学术工作外，扎基还积极参与科学领域的各项活动和公共传播工作。他曾为《纽约时报》《华尔街日报》《纽约客》《大西洋月刊》《鹦鹉螺》《科学美国人》《连线》《赫芬顿邮报》等报刊撰写有关共情心理和相关现象的文章。

斯坦福大学校长马克·特希尔-拉维尼 (Marc Tessier - Lavigne) 在 2017 年斯坦福开学典礼的演讲中引用了扎基有关共情的研究，建议同学们应该将共情作为塑造自己和选择朋友的重要因素。畅销书作家、沃顿商学院终身教授亚当·格兰特（Adam Grant）对他更是难抑赞赏之情：“贾米勒·扎基是心理学领域一颗耀眼的明星，在《选择共情》这本极具颠覆性的书中，他告诉我们共情不是软弱的标志，而是力量的源泉。”

JAMIL ZAKI

作者演讲洽谈，请联系
speech@cheerspublishing.com

更多相关资讯，请关注

湛庐文化微信订阅号

湛庐CHEERS 特别制作

目 录

测一测　关于共情，你了解多少？

1. 关于共情的真相，下列说法正确的是________。

A. 即使共情会带来痛苦，人们也会继续共情

B. 人们并不会主动选择对当下有用的情绪

C. 正确的心理拉力可以激发共情之心

D. 经常不得不“做坏事”的人的共情能力会提高

2. 以下哪种情况能够提高人们的共情水平？

A. ICU 的医生面对病情严重的患者时

B. 处于较大压力下时

C. 着力建立人际关系时

D. 和对立群体接触且双方处于不平等地位时

3. 以下哪种做法有助于消除群体之间的偏见？

A. 多参加对立群体间交锋的集会

B. 维护对立群体现有的权力结构

C. 让不同群体之间的人进行竞争

D. 让人们多想象和不同群体之间友好相处的美好未来

4. 以下说法错误的是________。

A. 与患者共情对医护人员来说是一件好事

B. 医护人员的共情有利于对患者的治疗

C. 爱读书的人比不爱读书的人更容易识别出他人的情绪

D. 用叙事的方法来传达观点，可以有效地减少冲突

扫码立即获取
测试题答案及解析。

THE WAR FOR KINDNESS

引 言

共情的真相

观点直击

- 共情和善良与社会化程度呈正相关。
- 人类进化史表明，共情更有利于生存。
- 共情能力强的人在专业上往往会有更出色的表现。
- 共情能力通常与幸福感呈正相关。
- 人们更容易与一个人共情，而非与许多人或一个群体共情。

我 8 岁那年，我的父母打算离婚；而直到我 12 岁时，他们才正式离了婚。他们的出生之地可以说相隔万里：母亲出生于离智利边境很近的秘鲁南部，而父亲则出生于巴基斯坦。在母亲 25 岁时，华盛顿州立大学为来自贫困国家的学生提供了奖学金，她就是其中一位。大约在同一时间，祖父给了父亲一张去往美国的单程机票以及仅够在华盛顿州立大学上一个学期的钱。母亲和父亲分别从秘鲁首都利马和巴基斯坦拉合尔这两个大小与洛杉矶相近的城市前往树木繁茂、宁静祥和的普尔曼小镇，也就是华盛顿州立大学主校区的所在地。

初到陌生之地，父亲和母亲都感到很迷惘。在巴基斯坦，父亲可称得上中产阶级，但在美国，他却是一个穷人。母亲则被安排到当地的一个家庭，以便能帮她尽快适应当地生活，但这里离学校有上百公里之遥。她大部分时间都是只身一人在学校学习。当华盛顿州立大学为国际学生举行欢迎招待会时，父亲为填饱肚子而来，母亲则为交友而来。在欢迎招待会上，他们认识了彼此。

父母在结婚后搬到了马萨诸塞州的郊区，并在那里生下了我。后来，他们对美国生活越来越适应，对彼此却越来越不适应。父亲开了一家计算机硬件公司，每天工作 18 小时以上。他梦想拥有一辆米色的奔驰和一幢桃色别墅，但这些都不是母亲真正想要的。有好几年，父亲很少回家，母亲便萌生了离婚的想法。

后来，父母彼此越来越疏远，他们之间的关系也变得十分紧张。除了法庭之上，他们均有意避免直接接触彼此。每个周末，父亲都会在特定的时间在母亲房子外的路边等我，当我走出门后，母亲会锁上门，不露面。在我 13 岁时，我的祖母去世了。那个周末，当父亲来接我时，母亲走了出来，接着，他们拥抱了彼此。这是在近 10 年中，我记得的他们唯一一次彼此对视。

那段时间，我在父母的住所之间来回穿梭，也可以说在平行宇宙之间来回移动，每个宇宙都有其优先级，同时充满恐惧和怨恨。母亲是典型的秘鲁人，最看重的就是家庭。她为离婚会对我产生怎样的影响而焦躁不安，并努力找出使我陷入痛苦的蛛丝马迹，并将这些全部记在她的“心理账户”上，这个“账户”中罗列着父亲给我们带来的种种伤害。而在父亲看来，才智过人和雄心壮志比什么都重要。他经常告诉我，在巴基斯坦，在大型考试中得分最高的学生能上大学，第二名则会流落街头。当我的成绩下降时，父亲会满腹狐疑，并怀疑送我上大学是否值得。实际上，他一直在非常辛苦地工作，并给予了我和母亲很多，而我和母亲却把他贬为只会赚钱的混蛋。我们怎么会看不到他的艰辛呢？

父母都曾试图将我拉入他们之间的斗争中。他们各自向我透露了一些隐瞒彼此的秘密，以获得我的好感，并希望我违反一方的规则。当我不想参与时，他们会愤愤不平地指责我站在另一方那边。我们三个都相信，某一天，我会从他们中间选择一位，离开另一位。

这让我想起了 1983 年的经典电影《战争游戏》（*WarGames*）。在这部电影中，马修·布罗德里克（Matthew Broderick）饰演的天才少年入侵了一个名为

“约书亚”的人工智能程序。他并不知道，约书亚连接着北美防空司令部。他玩了一个模拟美苏之间核战争的游戏，结果差点引发第三次世界大战。约书亚掌控着北美防空司令部的导弹系统和火力装置，准备发射核弹，幸好这名少年成功说服它先尝试每一种可能的策略。约书亚很快意识到，无论这两个国家做什么，它们最终都将灭亡。约书亚反馈说：“这个游戏真奇怪，赢得比赛的唯一方法就是不比赛。”

因此，对于父母之间的游戏，我决定不参与，或者至少不按他们希望的方式参与。当他们通过我“斗争”时，我努力地克制着。我试着理解他们，而不是站在谁那边。尽管他们都很痛苦，但一直都对我很好。我从母亲那里学会了控制内心与思想的方法；同时，我也适应了父亲的生活法则。这个过程很艰苦，像许多离婚家庭中的孩子一样，我被一种离心力拉向不同的方向，有时会不知道自己该相信什么。不过，父母之间的联系虽然断了，但我学会了调整自己以适应他们的习惯，并设法与他们保持联系。

回想那些日子，我充满了感激之情。父母各自的经历可能大不相同，但都很真实、很深刻，这也许是我学到的最重要的一课。

共情，激发善良的心灵超能力

想象一下，你戴上一副具有热传感器功能的护目镜，你能感受到他人的情绪，而不是体热。你可以看到，愤怒、尴尬和快乐在人们心中涌现。继续观察你会发现，情绪不会只停留在某一个人身上。例如，当朋友在你面前哭泣或给你讲一个有趣的故事时，他们的声音和表情会“穿过”你们之间的空气，然后进入你的大脑，并随之影响你。你会接受他们的情绪，理解他们的想法，关心他们的福祉。换句话说，你会对他们产生共情。

通常，大多数人都将共情理解成这样一种感觉：我感受到了你的痛苦。实际上，共情比这要复杂得多，它指的是人们对他人做出反应的几种不同方式，包括识别他人的感受（认知共情）、分享他人的情绪（情绪共情）和希望改善他人的体验（共情关怀）。①

我无法知晓你对某种色彩的感受，更不用说你在兴奋或恐惧时的确切感受了。其实，人们的个人世界就像在摇摆不定的轨道上彼此环绕，从不接触。当两个人成为朋友以后，他们各自的世界就会更加靠近；而当关系密切的人分开以后，他们各自的世界则会彼此疏远。共情是拉近彼此距离的一种心灵超能力。通过共情，人们可以进入他人的世界，猜测他人的感受。很多时候，人们都能猜对[1]。② 例如，听陌生人讲感人的故事，人们可以相当准确地描述他们的感受；瞥见某个人[2]，人们凭直觉就可以知道这个人喜欢什么、有多值得信任。

共情最重要的作用是激发善良③：虽然经常要为此付出代价，但人们依然倾向于互相帮助[3]。人们常常将善良看作一种奢侈品，是艰难世界中的一种终极软技能。达尔文对此曾感到困惑。根据他的自然选择理论，生物应该将自我保护置于其他一切之上。帮助他者并不符合这一理论，尤其是不顾自身安危去帮助他者。达尔文在《人类的由来》（*The Descent of Man*）一书中写道[4]："一个人宁愿牺牲自己的生命……也不背叛他的伙伴，他大概不会留下后代以继承其高尚本性的。"

事实上，善良是动物王国最重要的生存技能之一。例如，新生儿有众多需

---

① 有关共情更详细的定义，请参见本书附录 1。

② 正文中以数字上标提示此处内容有更多注释说明或相关参考文献，考虑到环保因素，我们为本书制作了电子版的注释与参考文献。如有需要，请查看全书最后的"本书阅读资料包"页，扫描下方二维码获取。——编者注

③ 有关本书主要观点的更多评估，请参见本书附录 2。

求，而且大多会在几天（如鹅）、几个月（如袋鼠）或十几年（如人类）内处于无助、无力的状态之中，如果父母没有为新生儿的生存做出牺牲，那就只能承担没有后代继承他们本性的风险。对其他亲属的行为也是如此：动物帮助其亲属，也是在确保自己的基因能够存活，尤其是当善行有助于彼此之间建立联盟时，不相关的动物也可以从善行中获益。当动物共同奋斗时，它们可以找到食物，互相保护，以独行者无法做到的方式繁荣兴盛。

在这些情况下，行善是很明智的，但这仍不能解释为什么每种动物都会在特定时刻选择帮助他者。例如，雌性松鼠并不知道自己的基因会传给下一代，为什么它们还要喂养自己的幼崽呢？长尾猴无法计算出邻居回报自己的可能性，为什么它们还要帮助邻居呢？其实，共情就是大自然对这一问题的回答[5]。当某个生物能够感受到另一个生物的情绪时，它看到痛苦就会感受到痛苦，帮助他者则会感受到被帮助。

事实上，共情经验会强化善良行为，而这种联系远比人类彼此之间的联系更古老。例如，当被关在笼子中的老鼠的“笼友”受到电击时，这只老鼠也会变得身体僵直，这是焦虑的迹象。由于这种反应，老鼠们会互相帮助，甚至会为了减轻“笼友”的痛苦而放弃一些巧克力等食物。此外，大象、猴子和乌鸦也会产生共情，且都能行善[6]。

在人类发展过程中，共情经历了突飞猛进的演变。这对人类来说是件好事，因为从生理上看，人类并不出众。在人类发展初期，人们以家庭的形式聚集在一起。人类既没有锋利的牙齿，也没有翅膀，更没有类人猿表亲那样的力量。人类只有竞争对手：几万年前，至少还有 5 个高智能的人种[7]与智人共同生活在地球上。数千年来，智人持续改变，使得彼此更容易建立联结[8]。人类的睾酮水平不断下降，脸部线条愈发柔和，变得不那么好斗了。人类进化出比其他灵长类动物都多的巩膜（眼白），因此更容易追踪他人的目光；人类还发展出复杂的面部肌肉，以便更好地表露情绪；人类的大脑也在不断进化，因而能更精确地理解彼此的想法和感受。

因此，人类拥有了强大的共情能力。人们不仅可以理解朋友和邻居的想法，还可以理解敌人、陌生人甚至是电影或小说中的虚构人物的想法。人类成了地球上最善良的物种。举例来说，在面对困难时，虽然黑猩猩也能共同协作、互相安慰，但它们的善意很有限。它们很少互相提供食物，虽然对所属群体的成员很好，但对群体外的同类却满怀恶意。相比之下，人类是合作领域的世界冠军，人类互相帮助的程度远超其他物种。这是人类的秘密武器[9]。单个人看起来并不起眼，但很多人聚在一起时，就成了强大的、打不垮的超级生物，能够猎杀猛兽，建造吊桥。

随着足迹的扩散，人类的善良也蔓延开来。在世界各地的种种文化中，人们都会互相分享食物和金钱。2017 年，仅美国人就向慈善机构捐赠了 4 100 亿美元，提供了近 80 亿小时的志愿服务[10]。这些善行很大程度上直接来自共情。与同龄人相比，共情能力强的人向慈善机构捐款更多，从事志愿服务的频率也更高，那些一时受到共情激发的人也更有可能帮助陌生人[11]。像摄影底片一样，最黑暗的时代反而展现出人类最高贵的能力，因此才会有在大屠杀中因藏匿犹太人而面临死亡的家庭，才会有在学校枪击事件中奋勇保护学生的教师。

哲学家彼得·辛格（Peter Singer）在他的经典著作《不断扩展的圈子》（*The Expanding Circle*）[12]中宣称，尽管人们曾经只关心很少的人，如自己的亲属和少数几个朋友，但随着时间的推移，人们关心的范围已经扩展到部落、城镇，甚至其他国家。如今，它已覆盖全球。人们吃的食物、服用的药物和使用的技术来自全球各地，人们的生存受到无数永远都不会遇到的人的影响。人们通过捐赠、投票和文化来帮助那些自己可能永远都不会认识的人。当然，人们也可以了解居住在另一个半球的人们的生活细节，并以共情之心加以回应。

现代社会正在毁灭共情之心

虽然人们能够对他人产生共情，但通常却做不到。这就引出了一个关于共情的重要事实：共情的本能是从这样一种环境中进化而来的，在这种环境中，人们遇到的大多数人在各种意义上都很熟悉。例如，朋友和邻居看起来就跟自己一样。人们在一生中有无数次机会了解自己的性格，同样，人们也有无数次机会了解他人。人们有一个共同的未来，这意味着，善良和残暴都会得到回应，而且这种因果报应很强大、很直接，且不可避免。当苦难就发生在眼前，而人们通过努力可以做出改变的时候，人们都会有所作为。这些小而紧密联系的群体就是共情的“原始汤”①，里面充满有助于互相关爱的成分。

也因此，人们做出努力往往只是为了帮助特定的人。促使父母养育孩子的一些激素会让人对潜在的竞争对手、骗子和敌人等外来者产生怀疑[13]。随着相互理解能力的增强，人类发展出了将人分为“自己人”和“他人”的能力。

在现代社会，行善变得愈发困难了。2007 年，人类实现了一项不寻常的“壮举”：生活在城市中的人首次比生活在城市外的人多[14]。预计到 2050 年，地球上将有 2/3 的人居住在城市中。然而，人们越来越孤立[15]。1911 年，英国大约有 5% 的公民独居；而一个世纪后，这一比例变成了 31%。独居现象在年轻人群体中和城市中心地区增长最快。如今在美国，在 18 ～ 34 岁的年轻人中独居的人数是 1950 年的 10 倍。在巴黎和斯德哥尔摩，50% 以上的居民独居；在曼哈顿和洛杉矶的部分地区，这一比例超过 90%。

随着城市的发展和家庭规模的缩小，人们见到的人比以往任何时候都多

① 原始汤（primordial soup），即生命的摇篮。有理论认为，地球上的所有生物都源自同一实体，一种 30 亿年或 40 亿年前漂浮在“原始汤”周围的原胞。——译者注

了，但了解的人却更少了。需要人们定期与他人接触的仪式性活动，如团队运动和外出购物等，都已让位于网上的“孤独活动”。在街角的商店中，两个陌生人可能会聊一聊篮球、各自的学校或电子游戏，逐渐了解彼此；而在网上，人们对陌生人的最初了解常常是自己最不喜欢的部分，如自己反感的意识形态，而这让他人在有机会成为“自己人”之前，先成了“他人”。

如果你打算设计一个系统来破坏共情，那你几乎不可能做出比人类创造的现代社会更“好”的了。从某种程度上来说，共情已经被破坏了。许多科学家认为，共情正在逐渐消失。不妨来做一个实验：思考以下描述是否适合你的情况，并从 1 分（完全不适合）到 5 分（完全适合）进行打分。

1. 我常常对那些没有我幸运的人怀有温柔、关怀的感情。
2. 在做出决定之前，我会分析每个人的意见的分歧所在。

在过去的 40 年中，心理学家通过类似的问题从数万人中收集数据，来测量共情的发展变化。结果，情况并不乐观。研究人员发现，人们的共情能力正在不断下降，尤其是在 21 世纪。平均而言，2009 年的人比 1979 年 75% 的人更缺少共情[16]。

即使在共情时，人们对他人的关怀也可能飘忽不定。不妨想一想 3 岁的艾伦·库尔迪（Alan Kurdi）的悲剧。2015 年 9 月，3 岁的艾伦和家人逃离了家乡叙利亚，试图横穿地中海，希望能从土耳其抵达希腊。但他们的橡皮艇在波涛中倾覆，一家人在黑暗中漂浮了 3 个多小时。虽然艾伦的父亲阿卜杜拉·库尔迪（Abdullah Kurdi）竭尽所能，但艾伦、他的兄弟和母亲还是都被淹死了。第二天，40 岁的阿卜杜拉说：“我什么都不想要……我最珍贵的东西都已经消逝了。”

后来，艾伦的尸体被发现。一位摄影师拍下了一张令人震惊的照片：照片上，艾伦幼小的身躯躺在海岸边，面部朝下。之后，这张照片迅速传遍全球，它证实了人道主义危机的存在。《纽约时报》报道说："这不是一场巨大的灾难……而是一场悲剧，它阐明了此刻的状况。"[17] 随后，捐款如潮水般涌来。再之后，像大多数情况一样，人们继续过自己的生活。危机仍在肆虐，捐款逐渐减少，新闻报道很快趋于平静，到 2015 年 10 月几乎消失了。

艾伦的死亡引发了人们的强烈共鸣。无数处于危机中的其他孩子的困境也是如此。然而人们发现，与和受苦的许多人共情相比，人们更容易与那些经常出现在身边的某些人共情。此外，实验研究发现，与面对 8 个、10 个或上百个受害者相比，人们对单个受害者会产生更多共情。

对人类的祖先来说，一次只与一个人共情是有道理的。如今，这一本能正使得人们遭受挫折。人们"淹没"在对苦难的描述中：2010 年，数十万人在海地地震中丧生；800 万也门人不知道下一顿饭要从哪里获得。这些数字在使人们感到震惊的同时，也让人们不知所措，并最终变得麻木。在重压之下，人们对他人的共情之心崩塌了[18]。

共情实践者
THE WAR FOR KINDNESS

相较于群体或远距离的人，人们更容易对单个人或经常出现在身边的人产生共情。所以，更个人化的、近距离的呈现与联结，是激发人们产生共情的重要方法。

此外，群体意识带来了更深层的问题。要想了解其现实影响，只需观察一下美国的政治残局就好。50 多年前，美国的共和党人和民主党人即使在政策上存在分歧，也能在一起聚餐；而如今，双方都觉得对方愚蠢、邪恶且危险。曾经中立的"领域"，如浴室和足球场等，也都已经变成道德的战场。身处这些敌意之中，人们一直在感受被排斥的痛苦。人们不知疲倦地工作，尽可能挑起另一方的苦痛。在这个怪异的生态系统中，人们彼此之间的关怀不仅会逐渐消逝，还会转化为互相排斥。

共情无疑已经成为公民领袖、诗人等试图修补社会架构的人关注的焦点。2006 年，在美国西北大学的毕业典礼上，当时还是参议员的奥巴马说："很多人都在讨论联邦赤字，但我认为，我们更应该谈论的是共情赤字。"他接着感叹道，"我们生活在一种不提倡共情的文化中。这种文化常常提醒我们，生活的主要目标是富有、苗条、年轻、有名、安稳和娱乐。当权者往往也鼓励这些自私的欲望。"[19] 在奥巴马看来，恢复共情对拯救美国至关重要。哲学家杰里米·里夫金（Jeremy Rifkin）则更直截了当地写道："人类面临的最重要的问题是：我们能否及时实现全球共情，以避免文明的崩溃，继而拯救地球？"[20]

但在奥巴马和里夫金表达了这些担忧之后，情况反而变得更糟了。美国的文化混乱且濒临崩溃，关键时刻还会引发争执。随着人类世界变得越来越大，越来越多样化，曾经促进与世隔绝的群体中彼此善良以对的本能，如今也为群体间的恐惧和仇恨埋下了种子。新闻机构和社交媒体作为持续发展壮大的行业，正从这种分裂中获益——愤怒正是他们的产品之一。

当代社会是建立在人与人之间的联结之上的，而这一联结如今正分崩离析。在过去的十几年中，我一直在研究共情是如何运作的，又是如何影响我们的。但如今，研究共情的心理学家与研究极地冰川的气候学家可能没什么两样：不断发现价值，而在周围，它却一直在逐渐消失。

关于共情的观点都是正确的吗

共情只能这样发展下去吗？这是本书将要探索的核心问题。

几个世纪以来，科学家和哲学家都认为，共情是通过人类的基因遗传下来并与大脑联系在一起的。我将其称为“罗登贝瑞假说”，因为吉恩·罗登贝瑞（Gene Roddenberry）将这一假说写进了电视剧《星际迷航：下一代》（*Star Trek: The Next Generation*）。在该剧中，美国“企业号”星舰的顾问迪安娜·特洛伊（Deanna Troi）以共情能力闻名于银河系。与特洛伊不同的是，机器人 Data 尽管在演奏小提琴和模型建造方面极为出色，但对他人的感受却漠不关心。

罗登贝瑞假说包含两个假设，每个假设都是悠久的思想传统的一部分。**第一个假设是：共情是一种特质，是人格的内在特征，不会随时间的推移而改变。**特洛伊的血统是一半地球人，一半贝塔人①。她的共情能力完全源于外星基因，是一种与生俱来的天赋，不需要后天培养。人类永远不可能像她那样，就像人类不可能在水中呼吸或长出尾巴一样。而机器人 Data 缺乏共情则源于他的“正子脑”②中编制好的程序。这意味着，人类也被大自然编码了特定水平的共情能力，这种能力处于 Data 和特洛伊之间。像成年后的身高一样，这种能力在人们的一生中都被局限住了，无法改变。

这一想法可以追溯到达尔文的表弟弗朗西斯·高尔顿（Francis Galton）。高尔顿是一位痴迷于测量和人类智力的英国科学家，他的座右铭是：无论何时，能算就算（Whenever you can, count）[21]。1884 年，高尔顿与伦敦国际健康展览会联合举办了世界上第一个心理测试展览会。在展览会上，很多伦敦人穿过一张长而窄的桌子，参与了一系列测试。在其中一项测试中，他们需要尽可能地对闪光做出最迅速的反应；而在另一项测试中，他们需要努力分辨出相似

① Betazoid，《星际迷航》中的一个能进行心灵感应的类人种族。——编者注

② 正子脑（positronic brain），最初由世界顶级科幻小说作家艾萨克·阿西莫夫在其小说中创造出来。根据小说设定，正子脑是一种铂铱合金的海绵状球体。——编者注

的音调。高尔顿的测试虽未能成功预测受试者的智力水平及职业成功与否，但他并不担心，并认为自己缺少的只是更好的测量工具。其他人也同意这一观点。到了 20 世纪 20 年代，数不胜数的试图测量智商、人格和性格的测试出现了。

高尔顿还是一位狂热的基因决定论者。他根据智力对各种族进行了排序，创造了“优生学”一词，并梦想建立一个“乌托邦”，在那里，人们可以被培养成有理性和有道德价值的人。不过，优生学很快就衰退了。但那个时代的心理学家都受到了高尔顿思想的影响，许多人开始相信，他们的心理测试捕捉到了固定不变的人格“水平”。在当时，如果一个人被测试出是中等智力和高度神经质的话，那么这既是他出生时的状况，也是他死亡前的状况。

20 世纪初，心理学家开始研究共情。他们追随上述测试的发展趋势，设计出了几十种评估测试[22]。一些心理学家要求被试根据他人的面部表情来推断其情绪，其他心理学家则检测被试人际间的反应，比如，当身旁的人受到电击时，他们的心率是多少[23]；当听到一个有关孤儿的故事时，他们会有多悲伤。心理学家利用这些测试来描绘典型的“共情者”，这些“共情者”通常是年长者、聪慧者和女性，而且对艺术感兴趣。有些研究者希望能更好地利用这些信息，例如，判断谁更有可能成为出色的心理治疗师或法官。但研究结果并没有像他们希望的那样直接、明确[24]。在某项共情测试中得分高的人并不总能在其他同类测试中得高分。实际上，一些共情测试测量的是善良程度，其他测试的内容则可能并不明确。

尽管如此，这一测量趋势仍在继续，并随着心理学家彼得·萨洛维（Peter Salovey）和约翰·迈耶（John Mayer）在 1990 年提出“情商”这一概念而达到顶峰[25]。这一概念很快就进入流行文化中，但一些要点却在从学术界进入流行文化的过程中丢失了。萨洛维和迈耶认为，情商可以通过实践练习得到发展，然而，一些专家在面对想要雇用高情商的人或想与高情商的人约会的顾客时，总是宣称自己可以找到高情商的人。寻找的依据可以是：如果对方不喜欢狗，那就表明对方的情商较低，可以考虑选择其他人。这暗示着一个人的情商是永恒不变的。

前文提到，《星际迷航：下一代》中的特洛伊有超乎寻常的共情能力，但对她来说，这常常是个累赘。在《星际迷航》的诸多剧集中，当在“企业号”上碰到其他人时，特洛伊会被对方的感受压倒，立即崩溃。她无法像关掉开关一样停止使用这种能力。相比之下，Data 则表现出超出其理解范围的讽刺或悲伤等“肆意”行为[26]。他一次又一次地犯错，但对此毫不知情。他缺乏社交礼仪是不由自主的，就像特洛伊的深情一样。

罗登贝瑞假说的第二个假设是：共情是一种不可改变的特质，而且在任一特定时刻，人们对它的体验都是反射性的、即时的和自动化的。这一理念源于“情绪如何运作”的一个古老假设。柏拉图在《斐德罗篇》中将人的灵魂比喻为一架战车。驾驭者象征着逻辑，努力控制着马匹。其中一匹马象征着情绪，但其形象不佳：“扭曲笨拙的动物……灰色的眼睛和血红色的皮肤……很少屈服于鞭策。”柏拉图将精神生活看成是理性和激情之间的战争，在这场战争中，人类常常战败：情绪往往获胜。

当然，并不是所有人都同意上述观点。哲学家爱比克泰德（Epictetus）认为，情绪是思考的产物。他写道：“困扰人们的不是事件本身，而是人们对事件的判断。”这一观点让人振奋，因为这意味着，人们可以通过转变思维方式来改变自己的情绪。

然而，思想家更倾向于赞同柏拉图的观点。他们将情绪描述为“古老而又带着兽性冲动的不速之客”。这个不速之客会引发争斗、投资失败和深夜狂欢。亚当·斯密、特奥多尔·利普斯（Theodor Lipps）和艾迪特·施泰因（Edith Stein）等早期研究共情的哲学家都声称，共情是无意识的：人们无法控制自己，只能承受他人的感受。就像特洛伊一样，人们不得不承受他人的情绪。这一观点如今发展为：情绪具有“传染性”，会像病毒一样在个体之间进行传播[27]。

共情实验室 THE WAR FOR KINDNESS

大约在萨洛维和迈耶首次描述情商的同时，意大利帕尔马大学的研究人员偶然发现了共情的生物学基础。当时，他们正在研究大脑是如何控制行动的。研究方法是将食物放在恒河猴面前的桌子上，当它们抓住食物时，研究人员通过植入其颅骨的电极来记录其大脑神经元发出的信号。有一天，当一位研究人员将食物放在桌子上时，一只猴子看着他的动作。尽管这只猴子一动不动地坐在那里，但记录设备却呈现，这只猴子的大脑中突然出现一阵细胞放电活动。这是一个令人感到困惑的现象，并一次又一次地发生，除了这只猴子以外，其他猴子身上也出现了这一现象。研究人员称这些活动细胞为“镜像神经元”[28]，更通俗地说就是“有样学样的细胞”。

数百项后续研究记录了人类的镜像反应[29]，其中一些在实验室进行：不仅反映动作，也反映情绪。当人们看到他人痛苦、厌恶或快乐时，人们大脑中的相同区域也会被激活。这一现象简单而富有诗意。人们真的能感受到他人的痛苦、厌恶或快乐。更重要的是，这种共情的生理表现还能激发善良[30]。那些感受到他人痛苦的人会自愿接受电击，以减轻对方的痛苦；那些感受到他人快乐的人，更有可能与他人分享金钱。

不过，研究结果并不总是一致。在某些情况下，镜像神经元的反应无法预测人们的善良，甚至无法预测人们的共情程度[31]。目前，人们还不清楚镜像神经元究竟是如何在大脑中起作用的[32]。但有些研究人员仍然相信，他们已经找到了人类善良的“圣杯”。在镜像神经元研究最乐观的时期，一位神经科学家甚至将镜像神经元称为“甘地神经元”[33]。对神经科学家以外的人来说，功能性磁共振成像技术为共情的存在提供了证据，使得共情的基础变得更为坚实。大脑图像以其迷人的色彩引出了真相[34]。虽然其神经科学基础最为薄弱，但人们仍倾向于相信这些关于大脑的说法。

镜像神经元成为共情的主要解释，这完全符合罗登贝瑞假说。通过脑部扫描，人们认为大脑是与生俱来且固定不变（hardwired）[35]的，是以某种特定的方式构建而来的。这一受计算机科学启发的比喻表明，人类改变不了自身的想法，就像不能重组自己的器官一样。

共情不是不变的特质，而是可习得的能力

从柏拉图到高尔顿，到现代心理学和神经科学，再到流行文化奇迹《星际迷航》，人们普遍认为：人类无法控制共情。如果共情是一种特质，那么即使随着时间的推移，人们也不可能变得更容易与他人共情。如果共情是一种条件反射，那么人们无法改变此时对彼此感受的觉察。当共情自然而然地发生在家人、朋友或所在群体内时，一切进展都会很好。但对当今这个时代来说，这是则坏消息。这意味着，当人们无法与他人共情时，其实是触及了神经回路的极限。在这种情况下，人们只能袖手旁观，眼睁睁地看着世界变得越来越无情，越来越孤立。

不过，罗登贝瑞假说及以其为代表的几个世纪以来的思想事实上都是错误

的。**因为通过练习，人们可以提高自己的共情能力，变得更加善良。**

这一想法听起来可能令人惊讶，但事实上，它已经得到了长达几十年的科学研究的支持。众多实验研究表明，共情并不是一种固定不变的特质，它更像一种技能；随着时间的推移，人们可以增强这种能力，以适应现代社会。

不妨想一想饮食习惯和锻炼习惯。众所周知，人类是从活动不断、食物匮乏的环境中进化而来的。人类养成了对脂肪、蛋白质和休息的偏好。如今，很多人的生活中都充斥着快餐，不需要付出太多的努力来获取食物。如果本能占据主导地位，那么人们会早早地进入坟墓。显然很多人都不接受这种做法。人们努力保持健康，不断调整饮食，并坚持锻炼，因为人们知道，这才是明智的做法。

同样，即使人类进化到只关心某些方面，人们也能超越其中的局限。无论何时，人们都可以像调节音量按钮一样调节共情，如学会倾听难以相处的同事，或者为遭受苦难的亲人提供支持。随着时间的推移，人们可以调整自己的情绪，与远方的陌生人、外人甚至其他物种共情。也就是说，人们可以将共情能力从进化的束缚中解放出来。

换句话说，共情是一种古老的常规力量，就像身体强壮、反应敏捷或者擅长拼字游戏一样。虽然有些人的共情能力天生就比别人强，但也取决于自身的选择。正所谓：久坐不动，肌肉萎缩；保持活跃，肌肉强健。

共情实践者

THE WAR FOR KINDNESS

要让人们相信自己的共情能力是可以改变的，知道共情能力不是与生俱来的，以此来激发人们对共情的信心和兴趣，从而极大地提高人们的共情能力。

对我来说，父母离婚这件事就像一间“共情健身房”。它迫使我不得不接受锻炼以发展自己的共情之心，以达到与父母沟通的目的，而不是回避或投入他们之间的冲突。人们可以选择变得更容易与他人共情，就像可以选择更健康的生活方式一样。在许多情况下，二者是相通的。正如小说家乔治·桑德斯（George Saunders）所说：“虽然我们带着困惑，身患自私自利这种顽疾，但这是有方可治的。我们作为‘病人’要善良起来，积极主动起来。为了找到灵方妙药，我们甚至可以不顾一切，孜孜不倦，追寻一生。”[36]

本书的主要内容就是那些“灵方妙药”及其背后的科学。通过正确的“治疗”，人们可以培养出更强大的共情能力，并在此过程中发展出善良的品质。这些“治疗”方法可以是看似不太可能的友情、艺术，也可以是社区建设。在本书中，读者将了解到学习与民众进行更平和互动的警察，在种族屠杀后一步步走向宽恕的胡图人和图西人，还有消解自身仇恨的终身偏执者的故事。另外，还将看到有犯罪前科的人与法官一起讨论小说，重新发现自己的人性；新生儿重症监护病房的医护人员学习如何帮助不幸的家庭度过最艰难的时刻，同时不让自己被痛苦淹没。

选择共情，对这些人来说并不容易，实际上对任何人来说都不容易。本书不会提供如何在当今社会变得更友善的行为指南，也不会承诺人性本善，即使看上去确实如此。人性中天生的善良部分可能占 39%，或占 71%，或介于二者之间。对人类而言，重要的不是从何处开始，而是去往何处。

今后，世界可能会变得更加冷漠，也可能会变得更加温暖。社交网络可能会进一步撕裂社会，也可能会开始修复社会。我们并不欠他人共情，尤其是那些残忍的人或对他人漠不关心的人。但如果屈服于懒惰的情绪本能，人们就会遭受更多的痛苦。人类前进的方向和集体命运取决于每个人的决定。

THE WAR FOR KINDNESS

第 1 章

成为“好人”还是“坏人”，由你自己决定

观点直击

- 积累知识和经验能在一定程度上改变智商。
- 基因决定了约 30% 的共情能力。
- 经常不得不“做坏事”的人的共情能力会降低。
- 承受过巨大痛苦的人共情能力往往更强，且更愿意帮助他人。
- 认为共情能力是可塑的人更容易提高共情能力，认为共情能力是固定的人则不然。

一个世纪前，几乎所有人都认为自己脚下的大地是静止不动的。人们还认为，澳大利亚一直都是一座岛屿，巴西和塞内加尔则一直都位于大西洋的两端。在当时，这些都是毋庸置疑的。后来，阿尔弗雷德·魏格纳（Alfred Wegener）改变了这些观念[1]。魏格纳既是一位冒险家，又是一位气象学家，这种身份组合并不常见。他曾经在欧洲乘坐气象追踪热气球参加空中耐久比赛，并以超过两天的时间打破当时的世界纪录。他还曾徒步穿越格陵兰岛，在苔原上引爆炸弹，以测量冰盖的厚度。魏格纳死于一次探险，时年 50 岁。

在研究海底地图时，魏格纳注意到几块大陆可以互相补充，就像拼图一样。在给一位女性朋友的信中，他写道：“你不觉得南美洲的东海岸和非洲的西海岸非常契合，就像曾连接在一起一样？我想要探究这个想法。”[2] 魏格纳还发现了其他谜团：非洲的平原上布满了古代冰川移动所留下的痕迹，可如果平原一直在赤道附近，怎么会留下这些痕迹？相同种类的蕨类植物和蜥蜴遍布智利、印度甚至南极洲，它们怎么可能被带到这么远的地方？

当时的地质学家认为，曾经存在横跨海洋的古老大陆桥，所以不同大陆的生物得以交错共生。魏格纳对这一理论并不满意。在 1915 年出版的《海陆的起源》(*The Origin of Continents and Oceans*)一书中，魏格纳提出了一个激进的观点：地球上的陆地曾经作为唯一的一块大陆连接在一起，即“泛大陆”(Pangea)。亿万年来，这块大陆逐渐分崩离析，最终成为人们熟知的六块大陆。大西洋比人们认为的还要年轻，并且面积还在不断扩大。过去曾比邻而居且共同进化的动物，漂流到了地球的不同角落。地球上的陆地在不知不觉中持续地移动着。

魏格纳的想法没有被轻易地接纳。当时的地质学家无情地嘲笑了他所提出的大陆漂移学说。魏格纳原本不是地质学领域中的一员，他们作为内行对魏格纳“厚颜无耻”地挑战其已建立的观念感到难以置信，并认为魏格纳的想法非常奇怪。魏格纳饱受嘲讽，有人甚至将大陆漂移学说描述为“患有移动地壳疾病和游荡的北极鼠疫的患者的胡言乱语”。也有人站在了魏格纳这边，形成了一个地质学“活动论”小阵营，但传统的“固定论”阵营成功地捍卫了大陆桥固定学说。正如《地质学刊》(*Journal of Geology*)的编辑罗林·钱伯林(Rollin Chamberlin)所说：“如果要相信魏格纳的假说，那么我们必须忘记过去70年来所学到的一切并重新开始。”到魏格纳去世时，他的理论已然被扔进科学史的垃圾箱中。

几十年后，科学家发现了大陆构造板块，这些板块比熔岩流塑造的大陆还要大。北美板块和欧亚板块彼此远离的速度大约与人的指甲生长的速度一样。魏格纳，这位拥有令人难以置信的想法的“科学局外人”，最终被证明是对的。地质学得以重写，地质学家们则承认，即使貌似静止的事物也能移动。

大脑会随经验、选择和习惯变化

如今，人们承认地球和天空永远处于变化之中这一事实，但对自身的认知却十分僵化。即使人们变老了，骨头僵硬了，头发变白了，本质终究保持不变。不过几个世纪以来，人们对这种本质的认识已发生了变化。过去，神学家认为它存在于永恒的人类灵魂之中，世俗哲学家则认为它是人天生的品格和美德。到了现代，人类的本质已经变得彻底生物化，人们认为它根植于基因，并被编码进身体之中。

无论人性存在于何处，人们通常都认为它是恒常的、无法改变的。我将这种信念称为“心理固定论”，它是以地质学家曾经看待地球大陆的方式来看待人类的。心理固定论能令人感到舒适，它意味着人们可以了解他人，也可以了解自己。但它同时也存在局限，就像认为欺骗者总在欺骗他人，说谎者总在撒谎一样。

19 世纪曾出现过一门“科学”，即颅相学，它认为，每一种心理机能都能找到对应的神经区域。颅相学家用卡尺测量人颅骨上的隆起和凹陷，以此确定人的仁慈程度或责任心。这种故步自封的态度对维护当时盛行的社会等级制度很有用[3]。例如，颅相学家查尔斯·考德威尔（Charles Caldwell）在走访了美国南部后认为，非裔美国人的大脑决定了他们天生要被征服。还有些专家则利用所谓的“生物学真理”来论证女性不值得接受教育，穷人一贫如洗有充分的理由，罪犯则永远不可能改过自新。目前，颅相学作为一门“科学”虽然已经破败，但它作为一种意识形态仍相当普遍地存在着。

到了 20 世纪初，神经科学虽然已经超越了颅相学，但其中仍存在着一种挥之不去的感觉，即认为人的机体作用方式是固定不变的。研究人员都知道，人脑在整个童年时期都在进行跨越式发展：不仅仅是在成长，同时也在重塑成为一个令人惊叹且错综复杂的结构。之后，在大多数情况下，它的发展似乎停滞了。神经科学家利用现有的种种工具都无法发现人成年后大脑的任何变化。这一发现与流行的人性观相吻合，并成了教条。科学家相信伤口会愈合，但由脑震荡、衰老等造成的神经元损伤永远不能修复。

现代神经科学之父圣地亚哥·拉蒙－卡哈尔（Santiago Ramón y Cajal）如此描述道："在成人的大脑中枢中，神经通路是固定的、停滞的、不可改变的。一切都可能凋零，没有什么可以再生。如果有可能的话，未来的科学应该改变这一严酷的法则。"[4]

其实，科学不需要改变这一法则，只需要意识到它是错误的即可。大约在30年前，科学家通过对鸣禽进行研究，首次发现了表明该法则错误的现象：每年春天，雄性雀类都会学习新曲调来吸引潜在的伴侣。科学家还发现，这些鸟在积累自己"保留剧目"的同时，每天还会产生数千个新的脑细胞[5]。多年来，研究人员在成年大鼠、鼩鼱和猴子身上都发现了新的神经元。

然而，怀疑论者仍然怀疑成年人能否长出"新大脑"。后来，美苏"冷战"出人意料地成了研究的突破点。在美苏冷战早期，各国都会定期进行核武器试验。而在1963年签署禁止核试验的条约后，核试验停止了。因此，由核爆炸产生的碳的放射性同位素碳-14，其含量先是飙升，而后迅速下降。碳-14会被动植物吸收，由此进入食物链，出现在人们新产生的细胞中。柯丝蒂·斯波尔丁（Kirsty Spalding）等神经科学家充分利用了这一点。借鉴考古学家放射性碳素断代的方法，斯波尔丁对神经元的碳-14水平进行了测定，以明确它们产生的时间。令她感到惊讶的是，她发现，人在一生中都会产生新的神经元[6]。

换句话说，大脑根本不是固定不变的。它会发生变化，而且这些变化并不是随机的。研究人员利用磁共振成像经过反复验证，最终得出结论：人们的经验、选择和习惯共同塑造了大脑[7]。例如，当人们学会演奏弦乐器或变戏法时，大脑中与控制双手相关的区域会扩大。而当人们长期感到有压力或患有抑郁症时，大脑中与记忆和情绪相关的区域会萎缩。

这些年来，心理固定论还出现了其他漏洞。科学家越寻求固定不变的人性，他们能得到的支持性证据就越少。以智力为例，高尔顿曾声称，智力是与生俱来的，无法改变。但在 1987 年，心理学家詹姆斯·弗林（James Flynn）发现了一个惊人的趋势：在过去的 40 年中，美国人的智商分数飙升了 14 分[8]。在此后的几年里，其他研究人员在世界各地也发现了类似的变化。更重要的是，即使是同一家族的几代人，智力水平也会发生变化。这种转变肯定不是源于基因，而是反映了新的选择和习惯，如营养或教育等变化[9]。与此相一致的是，较富裕家庭收养的贫困儿童的智商分数提高了 10 分以上。而在对 60 多万人进行的一项分析中，心理学家发现，每完成一年的学校教育，人的智商分数会提高大约 1 分，而且这种影响会持续终身。

此外，人格变化也比人们意识到的要显著[10]。离家后，成年人会变得更加神经质；结婚后，他们会变得更加内向；开始第一份工作后，他们会变得更加尽职尽责。此外，人们也可以有意识改变自己的人格。通过心理治疗，人们会变得不那么神经质，也更外向、更认真；治疗结束后，这些变化至少会维持一年。人格并没有将人们“锁定”在特定的人生道路上，它也反映了人们做出的选择。

共情约 30% 由基因决定

如今，人性科学可以借鉴地质学，坚定地拒绝心理固定论。人不是静止的，也不是僵固的，人的大脑和思想会随生活而变化。这种变化可能很缓慢且难以察觉，但人们仍在前进。

为了向魏格纳致敬，我将这一信念称为“心理可变论”。不过，“可变”并不意味着人们能成为任何人。比如，即便我竭尽所能，也永远无法用思想来移动物体，或者获得诺贝尔物理学奖。基因肯定会在聪明与否、神经质与否以及善良程度等方面发挥作用，而且不可否认的是，它们在出生时已被确定。人性部分源自遗传，部分源自经验，每一部分都很重要。

以智力为例，基因可能会使一个人的智力水平或高或低，可将其称为“基准点”。每个人同时也有一个发展空间，实际的智力水平是更高还是更低，取决于人们如何培养自身的智力，接受教育的年限，甚至出生的年代，这些都会产生影响。心理固定论者通常只专注于一个人的基准点，以此来了解这个人究竟有多聪明。而心理可变论者则专注于一个人的发展空间，来探讨这个人可能会有多聪明。这两个问题都很重要，但目前关于人性的讨论，心理固定论占据了主导地位。因此，在决定成为什么样的人这一方面，人们往往低估了自己具有的力量。

根据罗登贝瑞假说，共情是一种特质，已被锁定，不受人们自身努力的影响。这一想法与常识相吻合。当然，有些人会比其他人更关心他人，这就是为什么既存在圣人又存在精神变态者。但这些差异究竟意味着什么呢？

不妨想象一下这样两个人：索尔和保罗。索尔共情能力很强，保罗则不太容易与人共情，更自私一些。心理固定论者认为事实将永远如此，因为人们很少偏离自己的基准点。这一想法产生的前提是两人都具有相对狭窄的发展空间。因此，即使保罗共情状态极佳，他也无法与处于最糟共情状态的索尔相媲美（见图 1-1）。

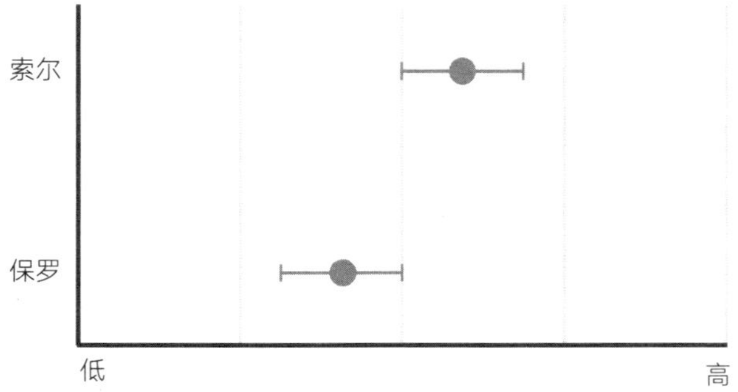

图 1-1 保罗与索尔的共情能力对比

保罗不太容易与人共情，这种观点有一定的道理。正如双生子研究所证明的那样，至少在某种程度上来说，共情具有遗传性。在一些研究中，双胞胎根据人们眼睛的图片来解读其情绪；而在另一些研究中，双胞胎的父母会报告他们与其他孩子分享玩具的情况。在一项特别有创意的实验中，研究人员拜访了两三岁双胞胎的家庭。一位科学家假装自己的手不小心被公文包夹了一下，随后另一位科学家悄悄地测量了孩子们的担忧程度以及他们试图帮助“受伤”的科学家的意愿。

结果显示，无论采取何种测量方法，同卵双胞胎都比异卵双胞胎更为相似。两类双胞胎虽然都来自同一家庭，但同卵双胞胎的基因都一样，异卵双胞胎则只有一半的基因一样。同卵双胞胎在人格、智力等方面“看起来”比异卵双胞胎更为相似，科学家将这种相似归因于遗传。**这类分析表明，共情大约有30% 是由基因决定的，而慷慨则有接近 60%**[11，12]。这种影响巨大且稳定，要知道，智力大约 60% 也是由基因决定的。在某项研究中，被试在 12 年中多次参与共情测试。结果表明，如果知道了某人 25 岁时的得分，那么也能很好地预测他在 35 岁时的表现。[13]

在承认基准点的重要性的同时，心理可变论者会认为，人们仍然可以通过有意义的方式进行改变。再回到刚刚讨论的双生子研究。的确，共情和善良部分是由遗传决定的，但经验、环境和习惯等非遗传因素仍然有发挥关键作用的空间。这种弹性源自可能的共情范围的扩大。拿刚提到的索尔和保罗来说，根据经验和选择，两人都可以在自身范围内出现较大波动。在这种情况下，即使保罗的共情基准点低于索尔，他在最具共情时的共情能力也会超过索尔最少共情时的共情能力，如图 1-2 所示。

现有的数十年的研究证据表明，共情是由经验塑造的[14]。如果一个 1 岁孩子的父母高度共情，那么这个孩子在 2 岁时会对陌生人表现出更多的关怀，在 4 岁时更容易融入他人的情绪，在 6 岁时比其他同龄的孩子表现得更慷慨。

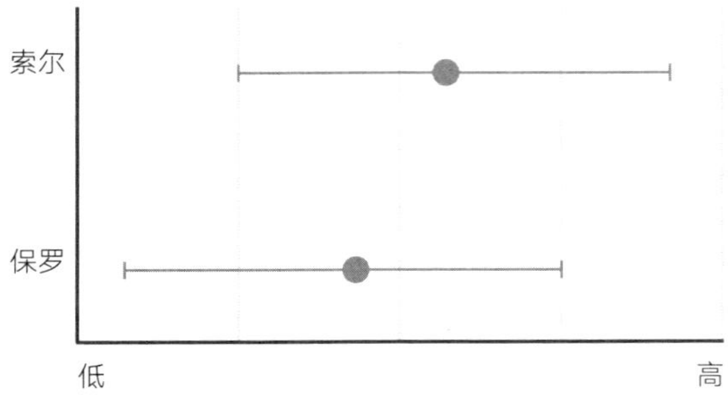

图 1-2 索尔与保罗共情范围的改变

而对面临重大风险的孩子来说，教养对共情的影响更为重要。以受过虐待的收容孤儿为例，心理学家在对这些孩子进行调查后发现，很多孩子长大后从未学会关心他人，他们甚至表现出与精神病患者类似的共情缺陷。原因在于这些孩子从未得到过良好的照料，经常吃不饱，且总是被忽视。不过，其中有些孩子很幸运，他们在 2 岁左右被收养，避免了许多同伴出现的问题[15]，发展出了正常的共情能力，尤其是那些得到了养父母温暖友爱的抚育的孩子。原本残酷的环境让这些孩子偏离了正常的共情发展范围，而更友善的成长环境又帮他们回到了正常水平。

环境会影响人的共情能力

从幼年到成年，环境会对共情能力产生持续的影响。例如，得了抑郁症[16]预示着一个人在接下来的几年里会变得难以与他人共情；剧痛会以令人惊讶的多种方式改变人们对他人的共情。**当人们制造痛苦时，共情会减少；当人们忍受痛苦时，共情会增加。**

通常，人们免不了会给他人带来痛苦。例如，肿瘤科医生常常传达坏消息：患者的癌症恶化了；治疗失败了；恶性疾病将夺去患者的生命。2017 年，在美国，经营者每月会解雇约 3.4 万名员工。[17] 心理学家乔舒亚・马戈利斯（Joshua Margolis）和安德鲁・莫林斯基（Andrew Molinsky）称其为“必要恶行”（necessary evils）[18]。人们很容易同情癌症患者和新近失业的人，但那些实施必要恶行的人其实同样值得同情。例如，约 50% 的肿瘤科医生表示，每当他们宣布坏消息时，都会感到强烈的悲伤和压力 [19]。在实验中，即使假装这样做，医学生的心率也会升高。

当人们伤害他人时，更有可能鄙视自己，而不是关心他人。由此产生的内疚感会给自己带来负面的影响。例如，在大规模裁员期间，解雇他人的经营者会出现睡眠问题和健康问题。[20] 在这种情况下，人们可以通过平复情绪来进行自我保护。马戈利斯和莫林斯基发现，大约有 50% 实施必要恶行的人会远离他们伤害的人。[21] 在裁员期间，经营者努力迫使自己不去考虑员工的家庭状况，避免更多的对话，而尽量言简意赅；不得不传达坏消息的肿瘤科医生则将注意力集中在治疗技术方面，试图忽略患者的痛苦。

为了自如地生活，伤害者常常会责备受害者或者使受害者去人性化，这一过程被称为“道德脱离”（moral disengagement）[22]。20 世纪 60 年代，一些心理学家曾要求被试反复电击另一个人 [23]。被试的反应是否认电击会造成伤害，甚至认为受害者并不讨人喜欢。

道德脱离会导致情绪“老茧”产生。几十年来，心理学家欧文・斯托布（Ervin Staub）一直在研究战争或种族灭绝中的杀人者。他发现，这些人关闭了自己的“共情之门”[24]，因此“减少了对那些被其伤害或因其遭受痛苦之人的福祉的关怀”。2005 年，研究人员采访了美国南部监狱执行死刑的工作人员 [25]。与斯托布的观点一致，这些工作人员会声称，死刑犯“完全被剥夺了人所拥有的权利”。执行死刑最多的工作人员，最难将犯人视为人。执行死刑的人离犯人越近，就越不会认为犯人是人。

共情实践者
THE WAR FOR KINDNESS

重视环境对共情能力的影响，关注实施必要恶行的人，比如负责解雇员工的经理人、宣布坏消息的医生乃至执行死刑的工作人员，帮助他们尽量克服“道德脱离”这种既伤害自己又趋向于与他人情感疏离的情境。

造成痛苦的人的共情范围会缩小，即会让互相关心变得更加困难，而承受巨大痛苦的人往往会因此变得更容易与他人共情。袭击、疾病、战争和自然灾害等创伤是动摇人们生活基础的心理地震。幸存者认为，与遭遇创伤前相比，遭遇创伤后的世界更危险、更残酷，也更难预测。他们中的一些人患上了创伤后应激障碍，会被自己遭遇的最糟糕时刻的闪回压倒，他们需要艰难地重新开始生活。但大多数经受创伤的人并没有患上创伤后应激障碍。例如，在遭受性侵 6 个月后[26]，不到 50% 的受害者会出现相应症状；而在退伍军人中，这一比例约为 13%。

另外，如果创伤幸存者受到他人的支持，他们通常更容易恢复。[27]之后，他们转而容易成为他人的支持者。当年，“哈维”飓风袭击休斯敦后，一群卡特里娜飓风的幸存者将数十艘船拉到得克萨斯州，以帮助其他受害者。成千上万的创伤幸存者改变了自己的职业生涯，成为“同辈辅导者”，帮助他人从遭受过的创伤之中恢复过来。退伍军人在无望时会互相倾诉，以度过艰难时刻。戒毒 10 年的成功者则帮助其他戒毒人员度过戒毒的最初 10 天。

心理学家将这种善良称为“生于苦难的利他主义”，它无处不在。[28]有研究人员对 40 多个国家或地区中饱受战争蹂躏的居民进行了研究[29]。这里的人们经历了令人无法想象的痛苦，因此，如果他们退出公共生活，完全可以理解。但事实相反，他们更加积极地致力于社会运动和公民参与。当研究人员赠予他们钱财时，他们更有可能与未受战争影响的城镇居民分享。同样，在遭受政治暴力和自然灾害的受害者中，有很多人会自愿向无家可归者、老年人和身处风险中的儿童提供帮助。此外，在遭受袭击后的几个月内，80% 的受害者表现出比以往更深入的共情[30]。

这些积极的影响会持续数年。在某项研究中，心理学家丹尼尔·林（Daniel Lim）和大卫·德斯迪诺（David DeSteno）测量了被试一生中经历的痛苦事件的数量，如车祸、重病或罪犯侵害。之后，这些被试来到实验室，遇到了另一名被试，后者正在努力完成一项令人沮丧的任务。他们纷纷对后者伸出了援手[31]。尽管痛苦的经历发生在很久以前，但那些经历最多痛苦的人最愿意帮助他人。

当幸存者帮助他人时，也是在帮助自己。人们常常认为，受害者会因创伤而变得脆弱，但事实上许多人会因此变得更加强大，更有成就感。这就是所谓的“创伤后成长”（post-traumatic growth，PTG）[32]，它包括更强大的精神力量、更牢固的人际关系和更新的使命感，与创伤后应激障碍几乎一样常见。那些感受到深度共情并采取行动的幸存者最能体现创伤后成长。当他们为新的幸存者提供建议时，会意识到自己是多么坚强。人们会认为他们所承受的痛苦使他们能够帮助到他人，并不是无缘由的。正如伟大的心理学家、纳粹大屠杀的幸存者维克多·弗兰克尔（Viktor Frankl）所写的那样：“一个人只要知道自己有责任……必定无法抛弃生命。他了解自己‘为何’而活，因而承受得住‘任何’煎熬。”[33]

共情实践者
THE WAR FOR KINDNESS

承受巨大痛苦的人往往更容易与他人共情，经历过重大创伤尤其是在这一过程中获得过帮助的幸存者更容易恢复，他们也更有可能转而帮助他人，并且在这种帮助中拥有更强大的精神力量、更牢固的人际关系和全新的使命感。我们要做的，就是让更多的人明白，给处于困境中的人以援手意义重大，从而将更多处于困境中的人们拉入这种正向循环中。

相信共情的可变性，是提升共情能力的基础

通过经验，人们在沿着各自的共情范围移动，但迄今为止，人们看到的变化都是偶然发生的。人们不会为了减少对他人的关心而伤害他人，只是适应了自己所做的选择。受害者当然不会主动选择受伤害，但他们会因自身的境遇而变得更加善良。几乎没有人能选择自己的出身，没有人能选择自己的基因。那么，接下来的问题不是共情能否提高或减弱，而是人们能否有目的地改变它。

一个令人振奋的证据是，仅仅相信可以改变一个人的共情，就有助于实现这一目标。[34] 这是我从卡罗尔·德韦克（Carol Dweck）那里学来的。

我初次见到德韦克是在斯坦福大学的工作面试期间。我本来是一个容易紧张的人，那天对我来说也是倍感紧张的一天，所以与德韦克交谈足以让我陷入恐慌之中。在去她的办公室的路上，我去了一下洗手间，将几张纸巾浸在冷水里，然后将它们贴在我脖子后面，以减缓我的出汗状况。在面试期间，我说得飞快。我告诉德韦克，自己的研究课题是人们能否改变自己的共情能力，并告诉她：共情部分是由基因决定的，但也会随着环境的变化而变化。

“但人们是怎么想的呢？”她问道。我一时间被搞糊涂了：我刚刚明明就科学家的想法匆匆讲了 5 分钟。也许我说得不够清楚？或者说得太快？还是说

得不够专业？随后，当我正要开始重述自己的总结时，德韦克打断了我。

“等一下，我的意思是，人们是怎么想的？不是研究人员，而是他们所研究的人。”研究人员当然也是人，但德韦克这一看似简单的问题，却让我意识到自己很少考虑那些不是科学家的人对共情的看法。

这一点很重要，至于原因，德韦克最清楚不过了。几十年来，她一直专注于研究“思维模式”，或者说，人们对自身心理的看法。德韦克发现，人们会陷入两大“阵营”：“日常固定论”和“日常改变论”。日常固定论者认为，人们心理中的某些部分，如智力和外向性，是不可改变的特质。这些人会按照基准点来定义他人甚至自己。而日常改变论者则认为，这些特质更像是技能。他们现在可能有一定的智力水平，但这可能会发生变化，尤其是在他们努力时。

思维模式会影响人们的行为，尤其是当事情变得艰难时。[35] 在一系列著名的研究中，德韦克及其同事首先测量了学生关于智力的思维模式，然后要求学生完成一系列颇具挑战性的问题，再之后，这些学生会获知自己表现不佳。持日常固定论的学生会将失败归因于自己能力的缺乏。当他们在学业上失败时，他们会回避接受额外培训的机会。对他们来说，这似乎毫无意义：如果无法改进，为什么要尝试呢？通过接受补习教育，他们实际上承认了自己并不聪明，且永远也不会变得聪明。持日常改变论的学生则会欣然接受额外学习的机会。他们认为，投入的训练越多，成长就会越多。

德韦克不仅测量学生的思维模式，也会改变其思维模式。她和她的同事要求学生阅读一些文章，这些文章均表明智力是可塑的。无论起初的思维模式为何，这些学生最终都会成为日常改变论者，并因此更加努力地进行脑力劳动。这种变化可以产生长期的影响。在最近一次对超过 30 项研究的回顾中，心理学家发现，那些被告知可以变得更聪明的学生，在新学年中的平均学分绩点

（GPA）会稳定地略高一些[36]。思维模式在提升少数族裔学生表现方面的作用尤为明显，在某些情况下，它还能减少种族间的成绩差异。

当我进入斯坦福大学以后，德韦克、我以及同事卡琳娜·舒曼（Karina Schumann）就决定研究共情是否也是以类似的方式发挥作用的。我们推测：认为共情是一种特质的人会在艰难时刻避免产生共情；而认为共情是一项技能的人则可能会坚持下去，且即使在困难时也会努力与他人共情。

我们的实验从最简单的问题开始，先让数百人从以下两种说法中选择他们同意的一种：

1.一般来说，人们可以改变自己的共情能力。
2.一般来说，人们无法改变自己的共情能力。

被试被分为两组，约有一半是日常固定论者，另一半是日常改变论者。掌握了这些信息后，我们让被试参加了一项共情障碍课程：在这一系列情景中，共情能力常常会减弱。在大多数情况下，日常改变论者会比日常固定论者更努力地进行共情。例如，他们会花更多的时间聆听不同种族的人所讲的情感故事，并表示自己会投入更多的精力去听取他人的意见。

我们也向他们分别提供了两篇杂志文章中的一篇，以改变他们对共情的看法[37]。两篇文章都以相同的段落开头：

最近，我偶然遇到一个10多年前与我一起上高中的同学玛丽。与所有高中毕业后的相逢一样，我忍不住将眼前的玛丽同我记忆中的玛丽进行比较。玛丽是那种缺乏共情的人，她从没有设身处地为别人着想过，也不会理解他人的感受。

日常固定论者的文章以下面这样的话继续：

大家应该能想到，当我发现玛丽现在是一个抵押放贷者，有时还会收回陷入困境的房主的房子时，我并不感到惊讶。遇到一个与过去如此相似的人，令我很好奇：为什么玛丽没有任何改变？为什么她没有改变自己缺乏共情的人格？

接着，文章将共情描述为一种特质，并以对玛丽的反思结束：

我想，玛丽的共情能力并没有随着时间的推移而改变，这也不奇怪。即使她试着学习对他人感同身受，她可能也不会成功，因为这本就是她自身的一部分。

日常改变论者的文章则有不同的观点：

大家应该能想到，当我发现玛丽现在是一个社会工作者，并在社区服务中发挥着积极作用时，我有多惊讶。遇到了一个与过去如此不同的人，令我很好奇：玛丽为什么发生了这么大的变化？

接着，该篇文章将共情作为一项技能来描述，并提供了证据，证明人们能够增强自己关爱他人的能力。文章以下面一段话作为结束：

我想，她多年来应该一直在致力于发展自己的共情能力。现在，她作为一名社会工作者，可以将这一信息传递给他人：人可以改变自己对他人的共情能力。

被试都相信自己读到的那篇文章的正确性。读到共情是一种特质的人同意了日常固定论者的观点，读到共情是一项技能的人则成了日常改变论者。至关重要的是，这些信念还改变了他们的选择。新的日常固定论者懒于共情，如他们只对那些外表或思想与自己相似的人共情，而不关心其他人。相比之下，新的日常改变论者甚至可以与那些在种族或政治问题上与自己立场不同的人共情。

日常改变论者在其他艰难的情况下也会表现出共情。在某项研究中，我们告诉斯坦福大学的学生有关校内的癌症宣传活动的信息，还告诉他们，他们可以通过多种方式提供帮助：其中一些方式较为轻松，如参加步行马拉松以筹集研究资金；另一些方式则较为艰难，如参加癌症支持小组，聆听癌症患者的故事。随后我们询问学生，他们愿意为每项工作做多长时间的志愿服务。当帮助的方式轻松时，新日常固定论者和新日常改变论者愿意提供同样多的时间；而当帮助的方式较为艰难时，新日常改变论者愿意提供的时间是新日常固定论者的 2 倍多：通常让人望而却步的情况，不再困扰他们。

被试都是随机被选择出来阅读两篇不同的文章的，这意味着，当他们到达实验室时，几乎可以肯定每组中的人彼此没有太大差异。但在短短几分钟内，我们就将他们分别推向了其共情范围的左右两端。

这项研究显示出深刻的讽刺意味。罗登贝瑞假说主导了文化中共情如何运作的观点。大体上来说，人们都在像日常固定论者那样生活。在现代社会，行善已是障碍重重，而通过强加给自己的日常固定论观念，人们又多了另一重阻碍。如果能打破这种模式并承认人类的本性，即智慧、人格和共情在某种程度上取决于自己，人们就能开始像日常改变论者那样生活，并创造出新的共情可能性。读到这里，也许大家已经朝着这个方向前进了。

但人们能否超越仅改变思维模式这一层面呢？人们能否精确地控制当下的经验，以自己想要的方式且在自己希望的时候产生共情呢？如果可以，又该怎么做呢？

THE WAR FOR KINDNESS

第2章

会不会与他人共情，完全出自你的选择

观点直击

- 人们会在着力建立人际关系时不自觉地增加共情。
- 对自我道德形象的追求更容易让人们与他人共情。
- 处于较大压力下的人更不容易与他人共情。
- 人们对共情的价值判断会影响其共情意愿。
- 有意识地培养共情能力在一定程度上能重塑大脑。

罗恩·哈维夫（Ron Haviv）和埃德·卡希（Ed Kashi）都以见证痛苦为生。“我们都会被大多数人唯恐避之不及的东西吸引。”卡希曾这样说道。两人都是摄影记者，几十年来，他们记录了葬礼、暴动以及其间的一切。面对被观察者最艰难的时刻，他们总能面不改色。不过，他们对待工作的方式却截然不同。以下面两张照片（见图 2-1 和图 2-2）为例，拍摄这两张照片的地点相隔万里，时间相隔两年。

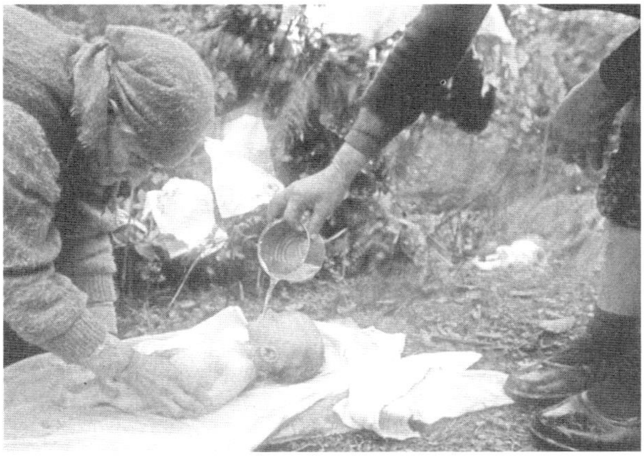

图 2-1　罗恩 · 哈维夫拍摄的照片

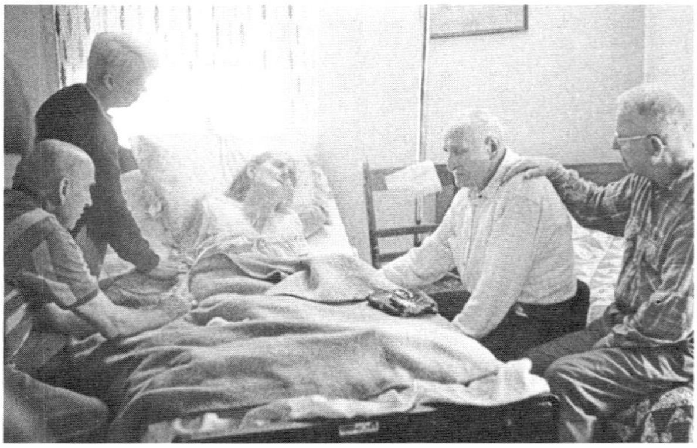

图 2-2　埃德 · 卡希拍摄的照片

图 2-1 是哈维夫拍的。在科索沃战争期间，塞尔维亚人进行了种族清洗运动。许多人逃到了附近的山区，但山上避难的地方很少。“这个族群住在山区，当时天气越来越冷。”哈维夫说，“照片上的这个孩子由于天气严寒而死去。当时人们正在为孩子准备葬礼……”

为了拍摄类似的照片，哈维夫将自己的感受消除了。“为了公众，我有责任留在那里，而不是只为自己着想……我不能太情绪化，不然就无法拍照了。”在悲伤的包围下，哈维夫面无表情。

图 2-2 是卡希拍的。位于这张照片中间的女士名叫玛克辛，当时她身患帕金森病和阿尔茨海默病，并且病情已经发展到了最后阶段。“这是她将逝去的那一天，”卡希回忆道，“她的丈夫阿特不得不让她放手离去，但显然应该由我来告诉阿特是时候这么做了。于是我跪下来说，‘阿特，我想你应该告诉玛克辛，她可以走了。’后来，他站起来照做了，一个半小时后，玛克辛去世了。”

与哈维夫不同，卡希一头“扎进”了他的情绪之中。他说：“在这种情况下，有些大人物可能会说，‘我来只是为了尽自己的职责。’他们会很冷静。但我经常会哭得稀里哗啦。”卡希总会与拍摄对象建立亲密的关系。在玛克辛生命中的最后几个月里，阿特睡在她的床旁。玛克辛去世的那天晚上，她的床被换成了一张折叠床；卡希睡在上面，这样阿特就不会觉得太孤单了。

为什么哈维夫和卡希的工作方式如此不同？可能源于他们本性原本就不同。**罗登贝瑞假说的第二部分指出，共情是人们在遇到他人的情绪时产生冲击的一种反射。**相对而言，卡希可能更像特洛伊，哈维夫则可能更像机器人 Data。

但他俩都不同意罗登贝瑞假说。实际上，哈维夫非常关心他的拍摄对象。他还认为，为了帮助拍摄对象，他必须保持足够的镇定，以便记录下他们的痛苦。当拍摄工作完成后，他便会释放自我。哈维夫说：“我已经训练好了自己，只有脱离了具体情境，我才会变得情绪化。只有回到酒店，我才可以放声大哭。”而对卡希来说，情感联系是工作的一部分。他曾说：“我几乎就是一位社会工作者。”

哈维夫和卡希都认为自己并未受到自身情感的控制，他们都以自己的方式与拍摄对象共情。

人们总是选择对当下有用的情绪

不妨想象一场拔河比赛：红队和蓝队分别从绳子的两侧拉扯。大家可以用很多方式来描述这件事，如“一排年轻的面孔和身体因用力而扭曲”，或“一场古老的意志竞赛”等。物理学家可以用另一种方式来描述，如“每个参与者都施加一种力，这种力是其力量和方向的结合”。两支队伍所用的力量可以用不同的箭头来表示，如表示红队的箭头指向东方，表示蓝队的箭头指向西方；较长的箭头表示用力较多，较短的箭头表示用力较少。如果向东的力量总和大于向西的力量总和，那么红队将逐渐取胜；而如果红队疲惫不堪，蓝队奋起反击，那么力量的大小将发生变化，胜负将会逆转。

心理学家库尔特·勒温（Kurt Lewin）也是以同样的方式看待人类行为的。20 世纪 30 年代，勒温根据物理学原理建立了自己的宏大理论。他认为，人们会受到一系列心理力量或动机的支配。人们被趋近动机（approach motive）拉向某些行为，又会被回避动机（avoidance motive）推离某些行为[1]。如果趋近动机大于回避动机，人们就会采取行动；否则，人们就会待在原地。勒温在他的理论中描述了“购买食物”的过程（见图 2-3[2]），这一过程在所有事物中都存在。

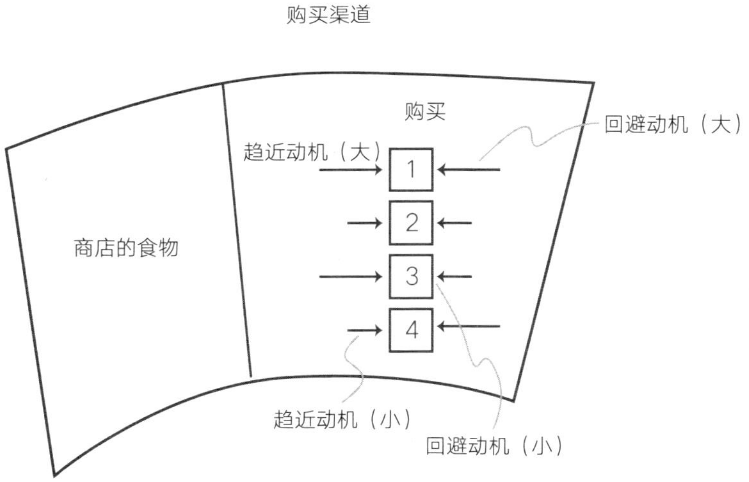

图 2-3　库尔特·勒温的“购买食物”过程

我们来对图 2-3 作简单的解读。购物者会遇到 4 种食物，即图中的 1，2，

3，4。勒温通过向右的箭头描绘了促使购物者走向每种食物的动机：食物也许美味，也许健康；勒温又通过向左的箭头描绘了将购物者推离每种食物的动机：食物也许昂贵，也许无麸质。其中，食物 3 有很多吸引购物者的特质，却很少有让顾客反感之处，已售罄。对于食物 4，购物者容易做出选择，只不过它与食物 3 恰恰相反。相对来说，食物 1 和食物 2 选择起来比较棘手：食物 1 同时存在吸引人之处和令人反感之处：也许它很美味，但很贵；食物 2 既不美味也不昂贵，它可能很便宜，但令人感到乏味。对于二者，购物者很难做出选择：对于食物 1，内心存在冲突；对于食物 2，感觉无趣。

勒温利用这一理论来解释同辈压力、政治动荡以及其他的一切。按照他的说法，每种选择都反映了人们头脑中的拉锯战。人所做的每件事，从起床、责骂孩子到慢跑，都源于将人拉向该行为的力量战胜了将人推离该行为的力量。

如何看待这一解释呢？直到最近，大多数科学家都还没有将情绪看作勒温式的推力和拉力的结果，或者认为情绪根本不是进行选择时需要考虑的因素。1908 年，心理学家威廉·麦独孤（William McDougall）[3] 提出，情绪是一种“本能”，古老且已预先设定好了。在他看来，人不能决定何时感到恐惧、渴望或愤怒，就像当自己的膝盖被木槌敲击时不能决定是否会产生反应一样。如今，许多人都同意他的观点。研究人员曾询问了 700 多人，问他们如何看待情绪的运作方式[4]。结果，约 1/3 的人同意“人受情绪支配”这一说法，大约 1/2 的人认为“情绪会让人失控”。

麦独孤将共情视为一种本能，认为它是由他人的感受自动触发的。他写道：“痛苦或快乐的情景会立刻在我们身上唤起同情性的痛苦或快乐。然后，我们会因为这是自己的痛苦或快乐而采取行动。”这种观点一直存在于罗登贝瑞假说之中。

麦独孤认为，共情的本能是一种积极的力量，是“将人类联系在一起的黏合剂”。但数百年来，一种更为黑暗的观点一直占据上风。1785 年，康德写道：“善良的情感同时却是软弱的，而且总是盲目。”[5] 换句话说，即使最积极的反应仍然是反射，人们仍然无法确定它们何时会被触发。让人与之共情的是朋友的痛苦，而不是陌生人的痛苦；让人与之共情的是像自己一样的人，而不是外人；让人与之共情的是图片，而不是数据。

有人认为，这是共情的致命缺陷。心理学家保罗·布卢姆（Paul Bloom）在《摆脱共情》① 一书中写道：“共情的关注点非常狭窄，有特定的对象，而且对数字不敏感，因此共情会受到引人注意的事物的影响，如种族偏好等因素。”[6] 当共情指向了错误的方向时，人们无法改变：它注定存有偏见、短视，且不适合当今世界。布卢姆认为，要想成为真正有道德的人，人们必须放弃对感情的依赖，而代之以更数据化的、更理性的仁慈。正如他在其他著作中所写的那样：“人类要想拥有未来，共情必须屈从于理性。”

当然，感性和理性会不断进行“对话”。情绪是建立在思想之上的[7]。一个人在看到熊后可能会感到好奇或恐惧，这取决于他是在动物园还是在野外。当孩子跌倒后望向父母时，如果父母冷静地回应，孩子会重新站起来；如果父母惊慌失措，孩子则会泪水不断。**情绪不仅会反映发生在人们身上的事情，也会反映人们如何理解这些事情**。古希腊斯多葛学派的爱比克泰德很了解这一点，莎士比亚也了解。正如哈姆雷特所说的那样：“世上之事物本无善恶之分，思想使然。”

① 保罗·布卢姆是耶鲁大学最受欢迎、最风趣的心理学教授之一。他在《摆脱共情》中提出了颠覆性的观点以及革命性的决策和行为法则。在他看来，人们要想做出明智的道德决策，应该依赖理性而非共情。该书中文简体字版已于 2019 年 12 月由湛庐引进、浙江人民出版社出版。——编者注

这让人们得出了一个强有力的结论：通过不同的思考，人们可以选择不同的感受。我的同事詹姆斯·格罗斯（James Gross）已对此现象进行了 20 多年的研究。在几十项研究中，他向被试展示了如本章开头提到的有关情绪的照片，并要求被试通过对看到的事物进行重新思考，来降低（如哈维夫）或提高（如卡希）自己的感受。当看到玛克辛临终的画面时，有些人可能会想到，阿特在第二天早上喝咖啡时，是 50 年来身边第一次没有玛克辛的时刻，因而悲伤加重。而那些想要减少悲伤的人可能会专注于阿特和玛克辛之间的爱情。格罗斯的研究发现，在与自己看到的悲伤事件分离后，被试感受到的情绪会减弱[8]。他们的身体表现出的压力迹象会减少，他们的大脑中与情感体验有关的区域也会平静下来；而当他们情绪高涨时，情况恰恰相反。

这是我所说的“心理调适”的一种形式：人们通过快速、敏捷的方式来改变自身体验，如专注于一个数学问题或重新思考自身感受。心理调适可以带来持续的益处，尤其是在激烈的情境中[9]。例如，夫妻在争吵中如果能反思自己的情绪，那么他们会对婚姻更满意。

人们不仅可以选择增强或减弱自己的情绪，还可以培养对当下有用的特定感受。例如，在拳击场上，快乐对拳击手的获胜可能不会有多大的帮助，但愤怒会。对寻求他人同情的乞丐来说，悲伤比恐惧更有用。心理学家玛雅·塔米尔（Maya Tamir）发现，即使人们感到难受，也会倾向于表达出有用的情绪。[10] 她在研究中发现，人们选择令人愤怒的音乐往往是为了在充满敌意的谈判时振作起来，选择令人悲伤的音乐则是为了寻求帮助。情绪确实像勒温描述的拔河比赛一样运作：无论是否意识到，人们都在不断地权衡悲伤、快乐或焦虑等需要付出的代价和带来的益处，并选择那些能满足自己愿望的情绪。

如果共情会带来痛苦，人就会回避共情

共情也不例外。就像麦独孤所说，共情的确会自然而然地发生，但更常见的情况是，人们会根据实际情况选择或回避共情[11, 12]。选择共情有很多理由，如它能让人感觉良好，因为积极的情绪具有传染性[13]。人们会被周围的快乐氛围鼓舞，就像赛车时作为彼此前进的动力。此外，共情还能满足人们对关系的深层需求。在我的童年时期，共情使我在家庭动荡中感觉与父母更亲近，所以我一直在努力与人共情。同样，当人们想要与他人建立联系时[14]，如围绕在有吸引力或有权势的人周围时，人们会展现出共情，能更好地理解他人。

虽然共情会让人产生不好的感受，但它可以让人看起来很好。当人们必须建立道德信用时，人们会采取共情行为。例如，人们在公共场合比在私下更慷慨[15]，表现得也更友善，以便确信自己很善良。在一些研究中，心理学家将被试置于“道德威胁”[16]之下，如要求被试记住自己背叛他人信任的次数。为了进行补偿，与那些没有受到威胁的人相比，被试会更多地帮助陌生人，向慈善机构捐赠，并倡导环保行为。

共情实践者
THE WAR FOR KINDNESS

尽量避免长期处于崩溃和痛苦的环境中，否则，即使很有爱心的人也会变得麻木不仁。

然而，无论出于何种理由选择共情，也都有回避共情的理由。当他人处于痛苦之中时，与其保持联系可能会损害自己的福祉[17]。我的一位朋友是心理治疗师，她一直努力避免在一天结束时安排与抑郁症患者会谈，避免将负面感受带回家。20 世纪 70 年代，心理学家马克·潘什（Mark Pancer）进行

了一项测试，研究人们是否真的会避免痛苦的共情。潘什在加拿大萨斯喀彻温大学的学生会办公室摆了一张桌子，上面有某家慈善机构的信息，他会不时地对桌子的外观进行调整。有时，桌子无人光顾；有时，某个学生会坐在桌子旁的轮椅上。有时，桌子上显示一个微笑的、健康的孩子形象；有时，则是一个生病的、悲伤的孩子形象。轮椅和悲伤的画面是共情的诱发因素。潘什发现，与无共情诱发因素时相比，存在共情诱发因素时，学生更可能绕路走[18]，以免陷入糟糕的情绪。

此外，当人们在时间或金钱方面受到威胁时，共情更像是一种负担，人们更想要回避它。一个纽约人走在曼哈顿的大街上，他会被无家可归者的苦难和需求困住。如果他全盘接受，就会陷入进退两难的境地。他可能会帮助他人直到一无所有，或者袖手旁观，带着罪恶感生活。在这种情况下，人们通常会回避共情[19]。某项研究发现，那些相信自己以后有机会向无家可归者捐款的人，当下会回避听无家可归者讲述的包含情感细节的故事。也就是说，他们并不是不能感同身受，而是主动选择不这么做。

共情实验室 THE WAR FOR KINDNESS

当感到不堪重负时，即使富有爱心的人也会变得麻木不仁。心理学家约翰·达利（John Darley）和丹尼尔·巴特森（Daniel Batson）曾要求普林斯顿大学神学院的学生[20]准备一篇关于善良的撒玛利亚人寓言的布道。这则寓言讲述的是一位男士在从耶路撒冷到耶利哥旅行的过程中被抢劫、殴打，后又被罪犯遗弃等死的故事。幸运的是，撒玛利亚人后来偶然发现了他，“上前用油和酒倒在他的伤处，包裹好了……去照应他”。学生们明白了这个故事的意义，并书写下了关怀的力量。

> 然后，达利和巴特森指示学生走到另一幢大楼去发表布道演讲，但他们增加了一个“转折”。他们告诉其中一些学生，布道要过一段时间才开始，因此可以慢慢来；他们告诉其他学生布道时间紧迫。学生们在普林斯顿大学的校园中或漫步，或疾跑，当他们到达大楼门口时，看到一位男士瘫倒在地。当学生走近时，这位男士开始咳嗽和呻吟。事实上，他是一名演员，会暗中观察学生的反应。如果时间不紧急，超过 60% 的学生会帮忙；而如果时间紧急，只有 10% 的学生会提供帮助。具有讽刺意味的是，学生不会帮助一个躺在人行道上的人，他们太急于发表一篇关于帮助躺在人行道上的人多么重要的演讲。

事实上，回避共情的人在这个过程中往往会伤害自己。几十年的研究证据表明，那些与他人共情的人也帮助了自己[21]：与共情较少的同伴相比，他们更容易吸引朋友，体验到更大的快乐，遭受的抑郁也更轻微。当一个人认定自己没有资源或精力给予他人时，他也剥夺了自己拥有这些的机会。心理学家约翰·卡乔波（John Cacioppo）及其同事进行了一项持续 10 多年的研究，一直对被试的情况进行调查分析。结果显示，在某一年感到孤独的人[22]第二年会表现得更加以自我为中心，而以自我为中心预示着未来可能会产生更深层的孤独和抑郁。孤独者的动机是完全错误的：与他人共情让他们觉得不堪重负，所以他们只关注自己。这让情况变得更糟。

正确的心理拉力可以激发共情之心

借用勒温的理论，我们可以用新的视角看待现代的善良问题。当共情得到发展时，人们会进入紧密的关系中。人们有理由关心自己见到的每个人。这些力量将人们拉向共情，事情因此变得简单起来。如今人们彼此孤立，压力重重，淹没在仇恨之中。因此，人们比以往任何时候更有理由回避共情。

重述问题与解决问题虽然是两码事，但在这种情况下，重述问题可以提供一些思考。勒温有句名言："没有什么比一个好的理论更实际了。"描述水流是一项学术活动，而将水流用于农作物灌溉则是一场技术革命。当人们理解了"精神拔河"两侧的力量后，就能打破其平衡。

勒温是犹太人，20 世纪 30 年代，他从德国逃到美国，开始不知疲倦地从事他所谓的"行动研究"。他没有待在实验室里，而是到现实世界中发现问题，并对导致这些问题的心理力量进行判断，继而设计出一些调整措施，鼓励人们做出明智、有益或富有成效的选择。勒温的首批案例之一[23]是哈伍德制造公司，这是一家纺织公司，当时刚将业务搬到了弗吉尼亚州马里恩市的阿巴拉契亚村庄。公司在招募技术工人方面遇到了困难，雇用的新工人大多数是来自周边山区的年轻但缺乏经验的女性。主管对新员工进行了为期 12 周的培训，然后督促他们尽快工作。为了激励员工，公司为工作速度快的员工提供了丰厚的奖金，对工作速度慢的员工则提出了诸多批评。

然而，公司失败得一塌糊涂。弗吉尼亚人的工作效率只有公司原址所在地人的一半，而辞职率常是后者的两倍。许多人甚至在培训结束前就辞职了。勒温意识到，这一现象反映了其中存在不良的心理拉锯战。金钱虽然能激励人，但工人在哈伍德的收入比他们在该地区其他任何工作都要高得多。对他们来说，奖金带来的心理动力很微弱。而急于超越他人却有很大的问题，即容易导致焦虑、疲劳和敌意。

勒温后来意识到，他可以通过"以合作取代竞争"的方式重新对员工进行调整。他组织了一种新型的培训。相比于之前在全公司范围内关注个人表现，哈伍德公司的新员工团队召开了非正式会议，共同确定合理的生产效率。这一体系改变了员工的动机。员工选择了自己的目标，而不是被迫接受公司设定的目标。生产力需要的是友爱，而不是孤立。勒温的策略奏效了："民主"组织的团队不仅产出更多，员工的士气也高涨起来。

勒温曾对无数问题进行了行动研究：从食物选择到种族关系。之后，一代又一代的科学家继承了他的衣钵，致力于让人们更易于做出良好的决定。**其中一些技术被称为"助推"：对人的处境做出微小且微妙的改变，从而激发他们在行动中做出巨大的改变。**例如，当一家公司将退休储蓄作为新员工的默认选项时，存钱的员工人数大约是主动选择存钱员工人数的两倍。在器官捐赠被默认的国家，超过 80% 的人同意捐献；而在未默认的国家，这一数字仅为 20% 左右。这类措施还提高了大学入学率、节能率、投票率和疫苗接种率，而且通常比其他政策更加有效[24]。

越来越多的心理学家利用类似的方法帮助人们选择共情，即使在人们可能回避共情的时候。"共情建设者"采用了勒温的工作模式。正如本章所提到的，他们先对共情心理拉锯战中的力量进行判断，然后对其进行改变：放大共情的积极力量，降低共情的消极力量，或者二者兼而有之。

后来，巴特森证明，他也可以以同样的速度重建共情。在一项精心设计的研究中，巴特森将"共情崩溃"翻转了过来[25]。当时正值 20 世纪晚期，艾滋病正在肆虐。受害者被污名化，经常受到指责或被当作放射性物质对待。成千上万的人突遭痛苦，但许多美国人对此毫不知情，在他们眼里，受害者只是统计数字和陌生人，因此回避与受害者共情。

巴特森知道，人们天生关心某些个人及其故事。巴特森能否利用这一点让人们与整个群体共情呢？为了检验这一点，巴特森给堪萨斯大学的学生播放了一段朱莉的录音。朱莉是一名感染了艾滋病病毒的年轻女性，她描述了这种疾病的危害：

> 有时我感觉很好，但在我的内心深处，我感觉病毒一直都在。病情随时都可能恶化。至少现在我知道，我无法逃脱……我曾觉得生活才刚刚开始，但现在我却要死了。

在所有的学生听了朱莉的录音后，巴特森鼓励其中一些人更深入地倾听，他指导他们说：“想象一下，接受采访的这位女性对所发生之事的感受，艾滋病对她的生活会造成什么样的影响。”不出所料，这一提示提高了人们对朱莉的共情。更重要的是，这些被试开始关心其他艾滋病患者。他们也更有可能认同“社会在帮助艾滋病患者方面做得还不够”等说法，并拒绝指责受害者，如“大多数艾滋病患者是咎由自取”。

实际上，共情的助推可能非常简单。其中一个最简单的方法，可能也是最愤世嫉俗的方法之一，就是付钱让人们为彼此着想。我最喜欢的一项研究曾通过这种方法解答了一个我经常遇到的问题：女性比男性更容易与他人共情吗？刻板印象深入人心，在许多研究中，女性确实比男性表现出更多的共情[26]。根据罗登贝瑞假说，男女之间的确存在差异：这是一个永恒的“金星－火星”问题①。但也许男性并非缺乏共情能力，而是缺乏为之努力的动力。如果事实的确如此，那么正确的激励措施应该可以改变男性的行为。

在某组研究中，男性和女性在观看人们讲述情感故事的视频后，被要求猜测讲述者的感受。结果，男性的表现比女性差。但在后续的研究中，研究人员告诉他们，如果能准确理解讲述者的意思，就能获得报酬。这种做法消除了

① 该说法源自畅销书《男人来自火星，女人来自金星》，学术界对此书多有批评。众多研究表明，该书夸大了男女两性之间的差异。——译者注

共情的性别差异[27]。几年后，另一个研究小组告诉异性恋男性被试，女性觉得“敏感的男人”很有吸引力。了解到这一点的异性恋男性急切地“唤起”了自己的共情能力，就像当一位迷人的陌生女性经过时，他们会缩起肚子一样。后一项研究同时也表明，激励有多种形式：金钱可以起作用，性吸引力、社会联结和自豪感也可以起作用。

此外，其他助推力量也在试图帮助人们克服部落主义。虽然人们通常更关心自己所属群体中的人，而不是群体外的人，但谁是自己群体中的一员呢？要知道，人是多面的。人的每个部分都带有不同的群体定义，而人们“自我”中的某些部分比其他部分更具包容性[28]。如果我自认为是斯坦福大学的一员，那么加州大学伯克利分校就会成为我的死敌，关心这所学校的学生或橄榄球队会变得很艰难；而如果我关注自身的加州大学学者身份，那么伯克利分校的教授就会成为我所属群体的一部分，值得我付出时间和精力，并与之共情。

英国球迷之间的冲突可以说是世界上最激烈的冲突之一，研究人员利用上述理念对英国球迷进行了研究。心理学家招募了曼联的狂热球迷作为被试，要求他们先写下曼联对自己的影响，并告知他们将在另一栋大楼中录制一段短视频，向曼联致敬[29]。然后，与善良的撒马利亚人研究相呼应的是，这些球迷在路上遇到一位慢跑者。这位慢跑者也是一名演员：他扭伤了脚踝，摔倒在地。在某些情况下，他身穿曼联球衣；在另一些情况下，他身穿曼联当时最讨厌的对手利物浦队的球衣；还有一些情况下，他身穿看不出所属球队的纯色球衣。结果，超过 90% 的被试会停下来帮助穿曼联球衣的慢跑者；而如果慢跑者身穿利物浦队的球衣，70% 的人会在他“痛苦挣扎”时从他身边走过。

这是典型的部落主义，不过，一个简单的助推就能改变这一状况。在后续的研究中，研究人员要求被试不能写曼联对他们的影响，而是写他们为什么喜欢足球。当他们再次去录制短视频时，又遇到了那位处于困境中的慢跑者。不过，这一次他们不约而同地帮助身穿利物浦球衣的慢跑者，而身穿纯色球衣的慢跑者仍然被忽视。**这项研究传递出一个信息：如果需要别人的帮助，那么属于某一群体可能比不属于任何群体要好。**

共情实践者

THE WAR FOR KINDNESS

善用“心理拉力”，通过金钱、性吸引力、社会联结和自豪感等激励方式将人们拉向共情，通过淡化群体间的边界感帮助人们克服部落主义，从而最大限度地激发人们的共情之心。

这项研究表明，通过正确的心理拉力，共情可以胜出。但话说回来，这些研究大多是针对大学生的，他们或许是一群共情能力较强的人。相比之下，罪犯和精神病患者或许更少共情，尤其是精神病患者：他们虽然能理解他人的感受，但根本不在乎，因此会利用自己敏锐的人际洞察来操纵和伤害他人。人们常常认为这样的人无法改变，甚至连他们所受惩罚的方式也反映了这一观点。尽管目前尚不清楚精神病患者是否会更频繁地犯罪，但与非精神病患者相比，精神病患者罪犯更有可能被处以极刑[30]。人们似乎认为：我们对他们不抱有希望，没有他们，我们会过得更好。

为精神病患者进行护理[31]也许是对共情助推的最大考验。几年前，克里斯蒂安·凯泽斯（Christian Keysers）及其同事曾前往荷兰各地的监狱进行实验。他们在向精神病患者和非精神病患者展示处于痛苦中的人物形象的同时，对其大脑进行了扫描。与非精神病患者不同的是，精神病患者没有表现出镜像反应。这支持了心理固定论者的观点：精神病患者缺乏共情是“与生俱来”的。后来，凯泽斯的团队借鉴了巴特森的观点，对研究进行了调整：要求精神病患者关注受害者的痛苦，并尽最大努力想象其感受。当精神病患者这样做时，他们的大脑表现出了镜像反应，其方式几乎与非精神病患者完全相同。

如果精神病患者能提高自己的共情能力，那么其他人肯定也能做到。但这真能让人发生改变吗？心理改变论者将大脑描述为一块肌肉：正如人们通过锻炼可以变得更强壮一样，正确的练习也可以提高智力或改变性格。但肌肉不止有一种形式：快肌纤维厚重而有力，但易疲劳，它们有助于冲刺、下蹲和举重，但持续不会太久；慢肌纤维更薄且力量更弱，但更有耐力，能支持马拉松等耐久性运动。

巴特森、凯泽斯和其他心理学家的研究表明，共情可以产生快速的变化。他们改变了人们的动机，鼓励人们转向共情。他们所用方法的效果可能持续一分钟或一小时，但不太可能持久。我们只能希望，人们不要总是匆匆忙忙，而是能多抽出时间来帮助有需要的人。不过，大多数人其实没有精力深入思考自己遇到的每个人的情况。如果没人提示去想象他人的处境，精神病患者很可能会继续冷酷无情。不同寻常的情况会促使人们与他人共情，但在没有提示的情况下，人们可能会回到各自的基准点。

因此，更大的目标是建立“慢肌纤维式”共情：不只是提高人们的共情能力，更应该让他们一直保持较高的共情能力。这需要多次心理调适，就像需要多次慢跑才能增强心肺功能一样。它需要长期、反复的经验，这种经验能激发心理灵活性。正如我们所看到的，如果出生在有教养的家庭，或者经历了重大逆境，那么这种结构性转变是很可能会发生的。不过，这种改变能设计出来吗？很少有科学家尝试过。即使尝试也需要大量的时间、精力和金钱，而且也不能保证它会奏效。但如果人们要为共情而战，那么首先要确定这场战斗可以打赢。

共情实践者

THE WAR FOR KINDNESS

要进行长期、反复的共情锻炼，引导人们建立“慢肌纤维式”共情，在提高人们共情能力的同时，也能帮助其保持较高的共情能力，进而改变大脑。

有意识地培养共情能力可以改变大脑

由塔妮娅·辛格（Tania Singer）带领的德国马克斯·普朗克研究所的一个研究小组，针对这一问题给出了一个引人注目的回答。[32] 塔妮娅是最早将大脑镜像技术应用到共情研究的神经科学家之一。早在 21 世纪初，她就招募了几对情侣，在对他们轮流进行电击的同时，用磁共振扫描他们的大脑。结果显示，被试自身感到疼痛时与看到所爱的人感到疼痛时，他们的大脑被激活的区域是相同的。不仅如此，共情能力强的人表现出更强烈的镜像反应。因此，科学界的很多人相信，有些人确实比其他人更关心他人，这种差异存在于大脑深处。

但塔妮娅自己从来不相信这一点。在攻读博士学位期间，她对神经可塑性进行了研究，了解到大脑中发生的一些事并不意味着共情能力是固定不变的。

在职业生涯的第二阶段，塔妮娅决定测试共情练习能否让人的大脑变得更善良[33]。为了这个雄心勃勃的项目，塔妮娅召集了 70 多名研究人员和教师。在 2 年的时间内，他们组织约 300 名被试进行了为期 39 周的强化训练。通过 3 天的静修和日常指导练习，被试学会了集中注意力，留意自己的呼吸和身体的感受。

后来，被试又将注意力集中在他人身上。他们将注意力集中在减轻痛苦和增进幸福的愿望上。首先，他们希望自己受到善待，然后是朋友和家人等容易使自己与之共情的对象。接着，他们要扩展这种“温暖”：向陌生人，向自己不喜欢的人，最终向所有生命。塔妮娅的小组让被试配对，共同践行共情。在每组配对中，“发言者”分享其情感故事，“听众”对其进行体会。然后他们互换角色，重新开始。通过手机应用软件，每组中的两人几乎每天都一起练习。

最后，塔妮娅及其团队仔细测量了被试在训练前、中、后的经历。研究团队惊奇地发现[34]，随着时间的推移，被试觉得自己长时间集中注意力变得更容易了。他们能用更微妙的语言描述自己的情绪，能更准确地说出他人的感受，也表现得更为慷慨，更容易认识到自己与他人共通的人性，即使他人与自己非常不同。而当遇到处于困境中的人时，他们也比之前更愿意提供帮助。

变化不止于此。塔妮娅及其团队在训练前后对被试的大脑进行了磁共振扫描。他们不仅对被试的共情生理学进行了研究，如被试的大脑如何对他人做出反应，还对被试大脑的解剖结构进行了检测，如大脑皮层的形状和大小。他们发现，在接受这些善意训练后，被试大脑中与共情相关的区域变得更大了。正如前文所述，大脑会随人们学到的技能和养成的习惯而发生改变。塔妮娅及其团队的研究首次表明，通过有目的的努力，人们可以建立长期的共情，并在此过程中改变自己的生理机能。

塔妮娅的研究项目是一个理念的证明：人们可以沿着自身的共情范围移动，建立“慢肌纤维式”共情，进而改变大脑。但这需要艰苦的努力。就像大多数人都想拥有更好的身材，但却没有热情跑超级马拉松。

那么，有没有一种更易实现的方法来促进持久的共情呢？事实上，改变人们的信念是一种可能的方法。德韦克曾说，人类处于成长与变化之中，能够变得更聪明、更开放、更有共情能力。因此，人们才会在当下更加努力工作，在面对挑战时坚持不懈，并重视自己具有的力量。而思维模式，如关于智力的思维模式，可以通过转变成自我实现的预言来产生“慢肌纤维式”的变化。相信自己的人所做的事情，会让他们更有理由相信自己。他们采用的思维习惯是长期有效的。

基于这些思考，我的一位研究生埃丽卡·魏斯（Erika Weisz）最近开始研究类似的方法能否促进长久的共情。她招募了斯坦福大学的大一新生，让他们完成一项“笔友研究”。其中一些学生读到一份来自一名刚搬到另一个州的高中生的便笺，上面写着：“我交不到朋友。”魏斯要求这些学生写一封鼓励性的回信，而且通过前文的一些证据特地告诉他们，共情是一种可以习得的技能，他们的高中同学可以通过共情建立新的人际关系。其他学生也会读到一份来自一名高中同学的便笺，不过上面写的是：“我在学习成绩方面遇到了困难。”魏斯告知这些学生说服他们的同学，告诉他智力是可以改变的。

被要求写关于共情信息的前一部分学生领会了其中的要点。其中一位写道：“融入人群、表露脆弱、锻炼共情似乎很困难。你可能会觉得自己根本无法与某些人建立联系，但研究表明，通过努力和练习，你可以培养自己的共情能力。”另一位建议说：“共情就像一种习惯或技能，我们可以通过学习和练习来提高，就像反复背诵单词或坚持体育锻炼一样。”还有一个人在信的结尾写道：“记住，你与他人交往的能力完全取决于你自己。只要付出一点努力，你就能交到朋友。加油！”

魏斯后来确实将这些学生的回信寄给了高中生，但这项研究实际上并不是要改变高中生的想法。**研究表明，当人们试图说服他人相信某件事时，他们往往会在这个过程中说服自己**[35]。魏斯和我将这一点当作改变大学新生心态的秘诀，鼓励他们培养心理改变论者的共情观。

练习确实产生了效果[36]。两个月后，写过“共情就像一种习惯或技能”的学生仍然相信这一点。值得注意的是，他们的共情能力的确提升了。与写关于智力回信的学生相比，他们更善于解读他人的情绪。在大学关键的前几个月里，这些学生的报告显示，他们比同龄人交到了更多的亲密好友。

虽然这项研究的结果只是初步的，还需要进一步的研究来证实，但它提供了一个很有发展前景的方向。魏斯的干预方法比塔妮娅的要简单得多，且只需几小时，就能带来一些持久的变化。这表明，人们可以相当有效地构建共情能力。人们可以通过自己听到的故事、遇到的人以及使用的技术来改变处理日常情况的方式。正确的调整策略会让关怀变得更加自然，也更加便捷。

在后面的章节，我将探讨这些策略。像勒温一样，我不会将注意力放在实验室中，而是要研究现实生活中的人。大家会了解到一些迷失在仇恨、孤独和压力之中的人，他们被自己的痛苦、工作和电话以及所处的系统阻碍，逐渐远离了共情。不过，尽管困难重重，他们最终还是找到了建立联结的方法，形成了共情的习惯，克服了分歧，成了更友善的人。

他们的经历为我们指明了方向。现代世界也许会削弱共情，但与其接受现状，不如找出导致这一切出现的力量，然后加以反击。

THE WAR FOR KINDNESS

第 3 章

建立人际联结，消除群体性偏见

观点直击

- 人们更倾向于与群内人而非群外人共情。
- 竞争会降低人们的共情能力，甚至激发出对对手的憎恶情绪。
- 接触能增加人们对群外人的好感和共情。
- 彼此平等、目标一致、接触个人化且有机构的支持，才能通过接触让人们对群外人产生巨大的共情。

托尼·麦卡利尔（Tony McAleer）在一片建筑工地附近长大。他的父亲老麦卡利尔是一名精神病学家，从英国利物浦移民到了加拿大，他的工作时间很长，经常在托尼睡着之后才回家。老麦卡利尔非常想念英国，于是在地下室建了一个完整的英式酒吧，酒吧有古铜色的屋顶和自酿啤酒，大多数晚上他都躲在酒吧里。托尼回忆道："在听了一整天别人的问题之后，他根本不想听我们的问题。"

老麦卡利尔确实制造了一些问题。10 岁时，托尼撞见父亲出轨。自那之后，托尼的家庭破裂了，他陷入了愤怒、困惑和无家可归的境地。与此同时，他的成绩一落千丈，而他的老师和父母为了督促他提高学习成绩，决定来硬的。每当托尼在重要的考试或作业中的得分低于 B 时，老师就会用尺子打他。这无疑只会加深他的愤怒。每一次他都会反抗，并创造了学校里连续被拘留次数最多的纪录。

仇恨会从错综复杂、鲜有人知的根源系统中滋生[1]。基于种族、宗教或性别认同而实施暴力的人主要是年轻人和男性。他们在经济上往往无所依靠，而高失业率又导致了仇恨犯罪的增加。最新的一项调查发现，将仇恨组织成员绑在一起的一个重要线索是虐待史：近一半的罪犯称自己曾遭受过某种形式的身体暴力或性暴力。

托尼在其他年轻的白人权利狂热者身上看到了这种痛苦。他说："我们就像一个个与周围人格格不入的玩具孤岛，每个人都曾受过伤害，每个人都很愤怒。即使健康的关系出现了，也没有人知道那就是良好的关系模式。"

托尼恳求父母让自己转学，高二时，父母将他送到英国的一所寄宿学校。然而，这并没有减少托尼的攻击性。几个星期后，他在宿舍组织了一场学生起义，他这么做仅仅是为了制造混乱。不过，这件事确实给他带来了一些东西，让他明确了自己的身份。

托尼回到了温哥华。不久之后，在黑旗乐队（Black Flag）的演唱会上，两名朋克族的乐迷向他靠近，试图抢走他的靴子。托尼凭口才免遭抢劫，并与那两个人成了朋友，他也因此更深入地进入了光头党音乐界。托尼开始喜欢一些带有明显的种族主义色彩的乐队，乐队鼓励粉丝不惜一切代价保护白人。光头党为托尼提供了两种他极度缺乏的东西。

第一种是托尼攻击性的出口。他在 16 岁时第一次打架，结果输得很惨，但他不在乎。他回忆说："我仍然记得当时激动的心情。打架带来的愉悦感就像在冠军联赛中进球一样，令人沉迷。"同时，托尼也在不断地挑战社会的边界极限，这让他感到叛逆、自信和兴奋。

第二种是托尼发挥自己智慧的机会。他时常扭曲诸多历史事件。外人常常认为光头党成员愤怒且愚蠢，托尼会用大量"事实"予以反驳，等他们变得沮丧，托尼便会宣布自己的胜利。托尼回忆道："我不是最厉害的街头霸王，但是最佳辩手。"

随着地位的不断上升，托尼变得越来越极端，越来越没有人情味。他回忆道："我就像一只青蛙，被放在锅里煮，水则一点一点地变得越来越热。"他断绝了与以前朋友的联系，他的世界观变得恶毒而偏执，只看到自己的文化被外人包围。其实，并不是只有像托尼这样的极端主义者才会表现出这种倾向，那些感觉受到来自外界威胁的人往往也会变得保守且具有攻击性。在最近的两项研究中，研究人员向美国白人提供了证据，证明美国少数族裔的人口很快会超过白人，并且会削弱白人的经济优势。结果发现，这些白人采取了右倾的政治立场[2]，尤其是反对帮助少数族裔的政策。

托尼的乌托邦是一个由白人组成的、封闭的加拿大。但实际上，托尼并不一定希望他人受苦，他只是不在乎他人是否会受苦。"我们的时代是一个文明与野蛮并存的时代……真正的仇恨意味着极度缺乏联系……那时的我无法理解他人的痛苦，也无法理解自己的痛苦。"托尼的仇恨其实更像一种冷静的沉默。他的信仰为他赢得了友情、权力和地位，而代价是他变得麻木。正如托尼所说："我并没有失去人性，我只是用它换取了接纳和认可。"

群体内外的界限会摧毁共情

如果将仇恨比作一种疾病，那么它正在变异。当文化治愈了自身的疾病，势必会有新的疾病取而代之。近几十年来，美国人已经接受了不同族裔之间的通婚，但在政治上对他人的敌意却急剧增加。1960 年，当问及美国人如何看待自己的孩子与对立党派的人结婚时，只有 5% 的共和党人和 4% 的民主党人表示自己会不高兴；而到了 2010 年，这一数字分别增至 50% 和 33%。两党成员对彼此的好感越来越少，互相之间的歧视则越来越多，对对方的观点也不再感兴趣[3]。2017 年的一项研究显示，共和党人和民主党人都愿意为了不听对方的观点而付费[4]。

人们轻易地将世界划分为群内人和群外人。团体之间的划分可以是生物性的（如老一辈与年轻一代）、传统的（如皇家马德里队与巴塞罗那队）、暂时性的（如一支临时组建的篮球队与另一支临时组建的篮球队），也可以是人为的。假如召集一群陌生人，给其中一半的人蓝色臂章，给另一半的人红色臂章，那么他们会迅速建立新的偏见，认为戴红色（或蓝色）臂章的同伴比另一边的人更友善、更有吸引力且更有能力。群内人与群外人之间的界限几乎摧毁了科学家能够衡量的所有共情。遇到处于痛苦中的群外人时[5]，人们产生的共情很少，焦虑感也很少，模仿对方面部表情的次数也少。

此外，许多人以令人震惊的、缺乏觉知的方式剥夺了彼此间的人性。

有人认为，人的进化程度会因其所属种族不同而有所不同。根据这种观点，有些人看起来高度进化，而另一些人看起来与低等动物没有不同。

事实上，去人性化会在最基本的层面上抑制共情。想象一下，“受害者”在“观察者”面前受到痛苦的电击，你可以看到这个“观察者”的大脑的实时反应。在不到一秒的时间内，你就能分辨出“受害者”和“观察者”是否属于同一群体：如果属于同一群体，“观察者”的大脑会产生镜像反应；否则，这种镜像反应会非常微弱或根本不会出现[6]。

通常，冲突会使局势恶化。体育竞赛、种族冲突和其他一切冲突都会让人感到不安。心理学家米娜·西卡拉（Mina Cikara）对“幸灾乐祸”进行了研究，即以他人的痛苦为乐[7]。她发现，美国红袜队和洋基队的球迷在看对手球队失利时，相关的脑区会得到激活与奖励；当人们想象自己不喜欢的群外人遭遇不幸时，他们会微笑。

这一研究似乎意味着人们会不由自主地与群内人共情，却并不关心群外人，即所有人在某种程度上都会遭遇偏见。在极端主义者看来，共情似乎永远不可能发生在他们身上。

人际联结能增加对群外人的共情

如果是在 20 岁，托尼 · 麦卡利尔会同意上述观点。当时，他的生活充满仇恨，他估计自己将在 10 年内死亡或入狱。但在接下来的几年里，托尼遇到了 3 个人，他们改变了他的命运。其中两个是他的孩子。托尼在 23 岁时有了一个女儿，在 24 岁时有了一个儿子。从表面上看，托尼的生活仍然动荡不安。不久之后，他与妻子离婚了，托尼成了两个孩子的单身父亲。

他不想步父亲的后尘。“我不想成为父亲那样的人，而是努力成为我想要的那种父亲。”托尼很宠爱他的孩子，孩子们也与他建立了亲密的联结，这种联结是托尼在之前的 20 多年中从未感受到的。他说：“爱孩子让我感觉很安全，他们不会拒绝、羞辱或嘲笑你。”作为一个单身父亲，托尼也有了全新的认识。“我得到了很多赞扬。这并不公平，因为如果我是一位女性，我不会得到这种赞扬。但我很享受这种感觉。”此时的托尼与以前扮演的反派角色截然不同。陌生人听到他的信仰后可能会揍他，但看到他抚养孩子时也可能报以肯定。托尼也因此有机会以不同的眼光看待自己。

养育孩子需要花很多钱，而托尼担心自己公开的偏见会让自己失业。于是，他决定离开光头党运动，逐渐消隐。作为互联网初创企业的财务顾问，托尼充分利用了自己在科技方面的悟性。他虽然仍然喜欢喧闹的派对，但是将以前的朋克表演换掉了。在周末，他会将孩子送去祖父母家里，然后给自己一些放松的空间和时间。

作为一个父亲，托尼成熟了，但这并没有改变他的信念。不过，托尼对他人的敌意已经不再重要。“敌视的想法还在我脑子里，问题也还在我脑子里。但那又怎么样？看看我的孩子，他们太棒了。”

托尼对犹太人的偏见最顽固，但在他遇到第三个改变他命运的人后，这种偏见慢慢消失了。为了提升自己，托尼参加了各种课程，从公开演讲到正念训练。其中一位老师是多夫·巴伦（Dov Baron），他是一位领导力培训师。托尼和巴伦都有英国血统，两人因共同喜爱巨蟒剧团（Monty Python）① 而结缘，并很快成为朋友。巴伦提供的是一对一的个人咨询，他与托尼的一位共同好友为托尼购买了一个疗程的咨询服务。当两人谈到一半时，托尼开始对自己过往的“光头党岁月”感到焦虑不安。巴伦笑着说：“你知道我是犹太人，对吧？”托尼很窘迫，但巴伦安慰道：“那是你以前做的，并不能代表现在的你，我理解你。”

后来，托尼在巴伦的办公室哭了半小时。他回忆说：“这个人真的很有爱，他想要治愈我，而我曾经却仇视他的族人。”托尼觉得自己不值得巴伦的一丝共情，但巴伦却给予了他更多的共情。因此，托尼开始敞开心扉。曾经，他制造了一个仇恨的外壳以掩盖自己内心的羞耻和孤独。一旦有人全盘接受了他，他就不再需要这个外壳了。

托尼开始忘记自己的过往，公开承认自己所做的错事，并为自己给他人造成的痛苦承担责任。他曾担心客户在了解了自己的所作所为后会抛弃他，但这么做的人很少。托尼曾在一次行动中毁坏了温哥华的一座犹太教堂，最近，他到那里忏悔。托尼一次又一次地看到巴伦的影子：人们并没有忽视他所做的事，也愿意承认现在的他比过去的他更重要。

---

① 一支来自英国的 6 人喜剧团体，被称为喜剧界的披头士，曾在 20 世纪 70 年代风靡一时。——编者注

几年前的一天，托尼去了一座大屠杀纪念馆。放在过去，他会毫不留情地驳斥任何有关大屠杀的事实，而那天，他在那里待了几个小时。托尼观看死者的照片，阅读死者的遗书，研究死者的纪念品。那天晚上，托尼躺在旅馆的房间里，突然感觉到有东西压在了自己身上，就像穿着厚重的 X 线防护服一样。“我能感觉到它从我的胸部向上移动，进入我的喉咙，然后‘砰’的一声跳了出来。我意识到，我对他们的痛苦的否认，其实是对自己的否认。”那天夜里，托尼哭了许久，他的心中充满了一种被压抑已久的感觉。

接触与合作能快速化解偏见

仇恨会埋没共情，但不会毁灭它。托尼的转变证明，通过强有力的方式，人们可以重获共情。

1943 年，底特律爆发了一场骚乱。当时，由于第二次世界大战的影响，底特律变成了一座武器工厂。随着制造业的蓬勃发展，人们从全美各地涌来，住房因此变得稀缺。住房的冲突很快变成一场声势浩大的骚乱，曾在 36 小时内导致 34 人死亡，数百人受伤，数千人被捕。

这是美国的耻辱，但还有一线希望：心理学家戈登·奥尔波特（Gordon Allport）注意到，人们对群外人越了解，就越不讨厌他们。其他方面也是如此。在全白人住宅区中，75% 的居民表示自己不愿意与黑人住在一起；而在混合住宅区中，只有 25% 的白人居民不愿意与黑人做邻居。在军队中，全白人排里有 62% 的白人士兵反对与黑人士兵混合；而在混合排中，这个数字是 7%。

奥尔波特在他的代表作《偏见的本质》（*The Nature of Prejudice*）中写道：偏见往往源于缺乏了解。[8] 解决方法也很简单：让人们聚集在一起，他们会意识到彼此共通的人性。马克·吐温也有过类似的想法，他曾打趣道："旅行对偏见、偏执和狭隘是致命的，我们中的很多人却极度需要它。"在心理学中，这一想法被称为"群际接触理论"，该理论曾一度引起了轰动。《偏见的本质》这本书最初于 1954 年出版，并很快成为畅销书。多亏了奥尔波特，世界各地的乐观主义者开始相信，仇恨是一种误解，互相接触可以解决这一问题。

但奥尔波特也强调，接触并不会一直都有用[9]。在某些情况下，接触甚至可能会使事态恶化。例如，如果白人仅仅看到更多的黑人，却不了解他们，可能只会将其视为威胁。事实证明，奥尔波特的判断是正确的。例如，托尼曾在加拿大利用移民来刺激白人的攻击性。

此外，即便是性格温和的人，如果与人接触的方式错误，也会产生偏见。在最近的一项研究中，政治学家瑞安·伊诺斯（Ryan Enos）连续 10 个早晨在同一时间要求拉丁裔美国乘客搭乘波士顿通勤列车。结果显示，与之前相比，与拉丁裔美国乘客共同乘车的白人通勤者对移民的容忍度降低了；与乘坐下一趟列车的白人乘客相比，他们对移民的容忍度同样降低了。

也就是说，即使接触没有带来伤害，可能也没有帮助。奥尔波特写道："目标不明的善意接触不会产生效果。"他提出了一个有效的方法：让不同的群体聚集在一起，即使其中一个群体在其他时候拥有更多的权力，也赋予每个群体平等的地位。**奥尔波特宣称，满足以下原则，接触才可能创造奇迹：专注于群体间的共同目标；更个人化的接触，让人们了解彼此的特质；通过其他机构支持团体间的合作。**

这个理论听起来可能有些天真，不够科学严谨，但它却是心理学研究的最多的概念之一。一项针对 25 万人进行的分析显示，与群外人相处的时间越长，人们表达的偏见就越少：接触会使人对不同类型的群外人产生好感[10]。想象一下：出生在美国的两个正直、年轻且能干的白人，其中一个被隔离保护，生活在白人文化中；另一个则更加开放，对其他文化也更加了解。研究表明，与前者相比，后者对不同族群或不同群体的人的偏见更少。

另外，即使人们不刻意争取[11]，彼此之间的接触也能发挥作用。例如，随机分到黑人室友的白人大学新生，到了新学期，他们比宿舍全是白人的学生对黑人的偏见少。

共情实践者
THE WAR FOR KINDNESS

多让不同群体的人以平等的身份接触，让他们专注于共同的目标，了解彼此的特质，以提升对彼此乃至对方整个群体的关怀与共情能力。

最有效的接触是转变现有的权力结构

实际上，关键之处在于：虽然人们对群外人的仇恨由来已久，但并非不可避免。当人们一起工作、生活或玩耍时，人们之间的隔阂就会消失。

背后的原因是：共情是一种选择，冲突却为人们提供了回避共情的理由。举例来说，当群体争夺稀缺物资时，他们必须围绕着装载资源的货车打转，为自己的一方努力。正如托尼所言："当人人都过得很好的时候，多元文化和多样性就是件好事；但当人们为了一块面包与邻居当街争斗的时候，这一切就不可能了。"从进化论的角度来看，此时部落主义显得自然而明智。如果一名橄榄球中后卫球员在跑动时感到痛苦[12]，他将很难完成任务；如果一名士兵发现一名女性痛苦不已，他也将难以做好手头的工作。因此，处于冲突中的人们并非用错了对他人的关怀，而是主动将它抛弃了。

即使麻木不仁在战争时期是一种明智的选择，对实现和平来说也是一种很糟糕的方式。接触则可以改善这一问题：它能为人们提供关心群外人的理由。人们渴望与他人联结，并努力保持强有力的社会关系。当群外人加入朋友或同事的行列时，与群外人的共情就与人们保持社会关系的目标一致。这样做的好处是：与群外人共情，可以引发对整个群体的关怀。正如巴特森在对艾滋病患者的研究中证明的那样。而且，接触多了，人们就不会再回避共情。人们对邻居、朋友或同事的悲伤和希望往往不会视而不见。

即使在最艰难的环境中，接触也有助于建立共情[13]**。**例如，在美国，当执法部门对黑人等群体进行描述时，与这些群体的成员一起工作或生活的美国白人的共情能力更高。反过来，共情也会促进团结。例如，那些与被警察虐待的少数族裔共情的美国白人，更有可能参加维护黑人权利的抗议活动。

最近，心理学家研究了约 70 个类似的基于接触的项目[14]。许多人成功地与其他团体建立了充满关怀和友情的联系。其中一些联系持续了一年。但正如奥尔波特意识到的那样，接触并不会一直奏效。当接触产生效果时，其原因也不总是很清晰。为了让接触充分发挥效用，心理学家必须分离出它的“活性成分”。奥尔波特的参与规则是一个很好的开始，但亟须更新。[15]

埃米尔·布鲁诺（Emile Bruneau）主导了一项新项目，意在加强接触的科学性。他一直渴望了解他人如何看待这个世界，部分原因是他很难理解自己的母亲琳达。在埃米尔出生后不久，琳达就开始出现幻听，经常听到辱骂、威胁或其他声音，如飞机经过时传来的声音，电视机里传来的声音，或者从其他地方传来的声音。对琳达来说，这些声音与其他人的声音一样响亮、清晰、真实。随着埃米尔的长大，琳达愈发陷入精神分裂症的影响之中。

后来，埃米尔进入了神经科学领域，希望更多地了解母亲的心理。早些时候，埃米尔曾遇到一项令他吃惊的研究。神经科学家此前已经扫描了精神分裂症患者的大脑。每当处于扫描仪中的人听到声音时，他们就会按下一个按钮，以便让研究人员绘制出自己的大脑中产生幻觉的区域[16]。研究人员发现，想象的声音激活了大脑中负责声音的区域。从生物学上来讲，想象的声音与真正听到的声音无法区分开来。对埃米尔来说，这是一种救赎。在他成长的过程中，精神分裂症一直被归咎于患者的家庭，这种观点曾让他深受折磨，而如今却出现了完全不同的观点。埃米尔说："我意识到，这是一种生理状况……而生理上的东西更容易控制。你可能会认为'这太可怕了'，但总算可以做点什么了。"

埃米尔的足迹遍及许多地方，他经常出现在暴力重重的地区。在南非的种族隔离制度废除后不久，他在那里待了几个月。这些地区的动荡都很独特，但也有共同的主题。其中最重要的是，其他方面很健康的人变得心理扭曲。在南非，埃米尔在一次森林骑行探险中迷了路，后来饥肠辘辘地走了出来，遍体鳞伤。一位老妇人开始照顾他，帮他恢复了健康，并没有要求任何回报，但随后，"种族主义的脏话开始从她嘴里喷涌而出"。她好像分裂成了两个人，埃米尔回忆道。

在埃米尔看来，冲突很像精神分裂症：它将人们困在对自己来说很真实的世界中，而这个世界对其他人来说却不那么真实。他开始认为群体之间的冲突可能就像精神障碍一样攻击着人的大脑。如果它是生理性的，那么应该可以治疗。于是，埃米尔开始对治疗方法进行研究，并前往贝尔法斯特，自愿参加了一个关于接触的项目，该项目要求天主教和新教的男孩在一起待 3 个星期。"他们聚集在一座巨大的体育馆中，一起设计壁画和演奏音乐。"

在这 3 个星期中，男孩们彼此相处友好，但在最后一天，两个男孩打了起来，且很快演变成天主教徒和新教徒之间的全体斗殴：一小时前还在一起玩耍的学生，几秒钟后就重回原来的身份。当埃米尔终止了一场打斗时，他听到一个男孩对另一个男孩尖叫道："你这个橙色的杂种！"他突然意识到，这个男孩指的是奥兰治亲王威廉（William of Orange）[①]。"他们用来互相攻击的绰号已有 600 年的历史。我想，'天哪！这也太根深蒂固了'。"

埃米尔还意识到，接触项目往往会使各种事物都陷入冲突之中。研究人员后来将几十项活动和讨论结合在了一起。埃米尔认为，更精确的方法可以更准确地确定哪些接触、何时接触、如何接触最有帮助。一个项目若要成功，主要因素有哪些？它们是如何相互作用的？哪种干预措施对哪类人最有效？这些问题听起来很简单，但当前的研究并没有解决这些问题。

埃米尔决定自己试着回答这些问题。多年来，他一直在探索冲突对共情的腐蚀作用，并与和平建设组织合作，探讨接触如何以及何时能够起作用。埃米尔并没有做重复工作，他的研究伙伴比他更了解冲突。他采用了他们的模板，并对他们产出的材料进行了修补，然后测试哪个版本的效果最好。

有时，埃米尔的答案与传统智慧相矛盾。奥尔波特认为，即使有的群体在大多数时候更富有或更强大，但当群体以平等的地位聚集在一起时，接触最有效。大多数冲突解决方案都坚持这一原则，如确保冲突双方在讨论期间获得差不多的发言时间，鼓励双方认真倾听并考虑到对方的观点。

来自多数群体或高权力组织的人，往往会对另一方持有更温和的看法。然而，少数族裔或权力较低的人通常不会如此。他们早已理解了大多数人的观点，为了生存他们必须如此。在一次采访中，美国喜剧演员萨拉·西尔弗曼（Sarah

---

① 荷兰奥兰治王朝的开国国王，被尊为"荷兰国父"，是加尔文教（新教三大主流教派中的一支）的拥护者。——译者注

Silverman）说道：“女性对男性的经历非常敏感，因为女性的整个存在都必须通过这一视角来实现，而男性则不必为了生存去了解女性的经历。”[17]

共情实验室 THE WAR FOR KINDNESS

埃米尔认为，少数群体成员可能会对换位思考表示厌倦。关于接触的项目可以通过促进平衡来加以回应，而不是盲目地迷恋平等。当聚集在一起时，如果某一群体在剩余的时间里保持沉默，也许他们应该获得更高的地位，以便有机会让更强大的一方听到自己的声音。他们可能会从“提供观点”中受益，而不是从“获取观点”中受益。为了验证这个想法，埃米尔在凤凰城的公共图书馆开设铺位[18]，将从未谋面的墨西哥移民和美国白人公民配对。每一对中，其中一个人是“发送者”，需要写一篇关于所在群体面临的困难的短文；另一个人则是“回应者”，需要阅读“发送者”的文章并进行总结，然后将想法反馈给“发送者”。在这之后，每个人都描述了自己对同伴及其所代表的群体的感受。

正如奥尔波特预测的那样，美国白人在扮演了“回应者”的角色后，他们对墨西哥移民的看法改观了；而墨西哥移民在听到抱怨后，对美国白人的看法变糟了。但在扮演了“发送者”的角色后，他们对美国白人的看法改观了。**这说明，转变现有的权力结构而非忽视它，会使得接触发挥最佳效用。**

埃米尔剖析了世界各地的仇恨。无论如何，托尼的故事依然提醒我们，迷失的灵魂仍然可以找回人性。我们能创造出有利的环境吗？

与过去和解，与未来联结

在放弃白人至上主义后，托尼发现了一份名为《离开仇恨后的生活》（*Life After Hate*）的线上杂志，里面全是与他的经历类似的故事。人们记录了自己与仇恨组织打交道的经历以及是如何脱身的。托尼随后成了这份杂志的积极供稿者。2011 年，他和其他撰稿人受邀参加了一场特殊的会议。位于纽约的一家智库召集了约 50 名仇恨组织的前成员，请他们讨论防范极端主义的策略。托尼回忆道："这太不可思议了！……这些人以前可是会互相厮杀的。"

尽管有诸多差异，但人们在会议上依然分享了自己的故事：许多人利用仇恨来掩盖自己童年时期的创伤；许多人在找到新生活的意义之后远离了仇恨，尤其是在为人父母以及与宽容的群外人建立友谊之后。一遍又一遍，以同样的理由投身其中，又以同样的理由脱身出去。托尼意识到自己的挣扎并非有多么特殊。这意味着，他可以通过一些方法，帮助他人摆脱仇恨。

之后，托尼与同事一起，将《离开仇恨后的生活》杂志发展成了一个非营利性组织，致力于将人们从黑暗之中解救出来。他说："我们跌跌撞撞地穿过荒野，终于到达了另一侧，我们想转身帮助那些处在与我们相同境地的人。"

这是一个源于苦难的利他主义的典型案例。

《离开仇恨后的生活》渗透到了不少仇恨组织的留言区以及社交媒体页面，提醒访问者：他们仍有选择。仇恨组织的前成员及其家人经常接触这些组织的成员；某个星期，他们曾接到大约 100 通电话。托尼及其同事将这些组织成员与咨询顾问、文身去除服务等联系起来，让他们看到了一个更有希望的未来。

2011 年 7 月某个多云的日子，托尼、埃米尔、努尔·卡特里（Nour Kteily）和我在美国西北大学进行了一整天的头脑风暴[19]。《离开仇恨后的生活》想从心理学家那里了解更多关于共情的知识，心理学家则希望更直接地听托尼这样的人的述说。我们都想找到问题的解决办法。这是一次不同寻常的会议。《离开仇恨后的生活》的成员讲述了各自的故事。托尼是第一位，他有着柔和且坦率的面容，穿着粉红条纹衬衫，带着鲨鱼牙项链和球形木珠做的手镯——看起来有点像从一个足球流氓变成了一位民间音乐家。

安吉拉·金（Angela King）紧随其后。安吉拉曾是校园霸凌的受害者，之后她发现，防止被霸凌的最好方法就是霸凌他人。于是，她开始出于仇恨而犯罪。后来，她因持械抢劫一家商店被捕入狱。她原本希望在监狱发起一场种族战争，但令她震惊的是，第一批接纳她的是一群来自牙买加的女性。在玩纸牌游戏的过程中，来自牙买加的女性挑战了安吉拉的信仰，也接受了她这个人。正如安吉拉所回忆的那样："好斗、愤怒和暴力，是我对生活中任何事情的反应。后来，当我受到友善和同情的对待时，我就像被解除了武装一样。"[20]

接下来是萨米·兰格尔（Sammy Rangel），他是一个说话温和的男士，一头黑色短发，看上去很爱健身。他的经历与安吉拉类似：先是被虐待，然后是仇恨，最后通过与一个通情达理的群外人接触获得了救赎。

随后，埃米尔、卡特里和我分享了关于仇恨及如何化解仇恨的研究。我们关注的是那些能让人们更容易了解群外人以及更不易对他们产生刻板印象的助推方式。我们反复考虑各种策略，《离开仇恨后的生活》的成员将这些策略又推了回来。兰格尔反对说："你们在试图解决仇恨这个问题，但在这些干预措施中，你们并不是问题的解决者。这是一个陷阱。"这些仇恨组织的前成员希望人们试着改变自己的想法。在准备的过程中，他们构建了托尼所谓的"理性堡垒"，即通过对比、修辞技巧或简单的旧威胁论来抵御任何争执。

为了越过这些防御，《离开仇恨后的生活》采取了不一样的措施。兰格尔解释道："设立目标不能立刻改变一个人，首先要对他们表现出真正的兴趣，倾听他们，过一段时间可能就会发现一些值得坚持的东西。"兰格尔就像传奇心理治疗师卡尔·罗杰斯（Carl Rogers）一样。罗杰斯认为，心理治疗师最重要的任务是用心倾听，充满好奇心，但不加评判。仇恨组织的成员随时都会被任何不同意他们的人抛弃，几乎是所有人。兰格尔、托尼和安吉拉都曾认为其他人应该憎恨他们。为了戳破这种羞耻感，必须有人向他们展示真正的共情。

托尼明确表示，与仇恨组织的成员共情并不等同于认同他们的信念。"你完全可以评判意识形态、仇恨组织的好坏，但你不应该将这种评判直接推及具体的某个人身上。"这听起来是一项艰巨的任务。为什么人们要花精力去确认一个仇恨他人的人究竟怎么样？没有人有义务用爱来回应恨，至少，托尼的朋友巴伦和帮助安吉拉的牙买加女性肯定没有这种义务。但在接受托尼和安吉拉的过程中，这些群外人给了他们一个同情自己的机会。同情"洗"去了他们因羞耻而引发的愤怒。

埃米尔、卡特里和我都曾认为，接触只改变了人们对群外人的看法，但那些身处其中的人告诉了我们另一件事：接触也改变了他们对自己的看法。在过去的 15 年里，心理学家一直在研究"自我同情"（self-compassion），即人们愿意对自己的缺点采取一种友善和宽容的态度。自我同情和与他人共情似乎是同一枚硬币的两面，但它们之间的联系却很微弱，有时甚至完全没有联系[21]。自恋的人可能会原谅自己，但不会原谅别人；抑郁的人则可能会原谅别人，但不会原谅自己。

缺乏自我同情的人[22]在冲突中往往会变得僵化，如在存在分歧的情况下拒绝妥协。兰格尔、安吉拉和托尼的童年生活耗尽了他们的自我同情，而接触使他们又恢复了自我同情。他们的经历是否也适用于其他人呢？这方面的研究很少。卡特里、埃米尔和我正设计相关项目，以研究接触在建立自我同情过程中的作用，其灵感正来自兰格尔、安吉拉和托尼的洞察。

那天，我也意识到，与托尼这样的人接触对仇恨组织的成员来说是多么充满力量，因为这向他们展示了另一种生活的可能性。想象一下，当仇恨组织的成员了解到，兰格尔曾被虐待、流落街头、被单独监禁且被视为“无可救药”，如今却成了一名社会工作者和博士生时，他们会有何感想。

心理学家通常认为，接触至少要包括两个人，但《离开仇恨后的生活》的成员向人们证明，面对过去的自己和未来的自己同样也能产生巨大的影响。例如，一个 30 岁的人对自己六年级时的失态感到局促不安；他想象着自己 65 岁时的样子，虽然疲惫不堪，头发花白，但满怀希望，感到充实和满足。这两个“人”对他来说都是陌生人。仇恨组织的成员可能会感到自己与未来特别疏远。托尼年少时，他甚至认为自己没有未来。

研究表明，能够生动地想象未来的自己的人会表现得更加明智。研究人员曾在被试回答以下问题时对他们的大脑进行了扫描：愿意去杂货店购物还是愿意洗衣服？下星期想跑 5 000 米吗？然后，被试将再次思考未来的自己会如何回答同样的问题。当想象现在的自己和未来的自己时，大多数人激活了大脑的不同区域，这表明他们将未来的自己完全当成了另外一个人；而其他人的大脑活动表明，他们与未来的自己有更强烈的联系，他们更关心自己的未来，如明智的投资。而在另一项研究中，被试在观看了自己通过数字技术老化的脸部照片后，可能会为退休积蓄更多的钱。这表明，与未来的自己接触会使人们对当下的自己更加友善。

通过认识像兰格尔这样的人，仇恨组织的成员可以接触到他们可能从未想象过的未来，在那里，他们可以关心他人，同时也被他人关心。兰格尔的故事也提醒人们：即使经历了长期的丧失和疏离，人依然是可以改变的。

会议快结束时，兰格尔谈到了曾在谷歌会议上使用的术语“前分子”。“我们称彼此为‘前分子’，因为我们都曾是仇恨组织的成员。我们仍然在使用它，是因为每个人都在不断地成为新的自己。”

冲突和仇恨会削弱想象力。在乔治·奥威尔的作品《一九八四》中，每个政治派别的成员都相信他们一直处于战争状态。美国的政治、种族和身份认同现在也都处于战争状态。数百万人可能无法想象一个跨越所有分歧、彼此共情的世界。人们曾认为，过去的历史是群体之间无休止的冲突，未来也必然如此。

对于这两种情况，人们的想法都错了。如果让两个敌对群体相信，群体就像个人一样，有能力做出改变，敌对双方就有可能对对方的态度更加积极，对和平的可能性抱有更大的希望，且为了和平更倾向于做出让步。相信会出现变化也会使接触更有成效，如增加人们与外界合作的意愿。

那些想象自己所属群体有更强大、更紧密的联系的人可能会受到鼓舞，并为了使其成为现实而努力。当接触证明群外人的价值并帮助人们相信自己的价值的时候，就是它最有成效的时候。接触也可以让人们想象一个“外人不再是外人”的未来。

共情实践者

THE WAR FOR KINDNESS

多想象未来，让人们为了自己未来的福祉做出更理智的决策，让“坏人”看到自己变成“好人”时的情景，让彼此仇恨的人们更多地想象双方友善、和谐与融合的场景，以促进更大的和平。

THE WAR FOR KINDNESS

第 4 章

叙事疗愈，用艺术重塑感受

观点直击

- 戏剧和文学有助于培养人们的共情能力。
- 阅读文学作品能提高人们的共情能力，从而减少犯罪。
- 用叙事的方法来传达观点，可以有效地减少冲突。

小时候，你家有多少扇窗户？你的车明早发动时声音会怎么样？你上一次踢足球时，球碰到脚的感觉如何？

要回答上述问题，你必须从时间的束缚中挣脱出来。你的身体可能坐在沙发上或书桌前，但思维却像一只气球，漂浮在某处：你可能站在儿时的房子前，惊叹当时的壁板多么受欢迎；或者你正从车库倒车出来，高兴地在杯架上放了一杯咖啡；或者你在中学附近的公园里，正与伙伴们踢足球。

这种精神上的旅行会将你的感官一同带上旅途[1]。当你想象儿时的家时，大脑会做出反应：仿佛你真看到了它；当你记起踢足球的感觉时，大脑会像你触球时一样做出反应；想象一个阳光明媚的日子，你的瞳孔也会收缩，就像刚刚从电影院走出来，进入午后的阳光之中。

思维发散（untethering）会不由自主地发生。人们最终可能会经历一场令人心烦意乱的心理过山车。精神分裂症患者往往不知道自己的经历是反映了现实世界还是出于自己的想象；患有创伤后应激障碍的人则会不由自主地回想起自己经历的最糟糕的时刻；抑郁的人会纠结于过去的遗憾；焦虑的人则会纠结于未来可能会出现的问题。即使没有精神疾病，思维发散也可能是一种负担。在某项研究中，研究人员通过智能手机以随机间隔时间对被试进行询问，以了解他们的想法和感受。结果，被试报告说，当思考过去或未来时，他们的幸福感要低于当下[2]。

其他时候，人们通常不是被“拖”到过去或未来，而是主动将自己“送”到过去或未来。通过这种方式，思维发散可以成为一个强大的工具。我们能够预见未犯过的错误，并处理从未面对过的情况。例如，该如何伏击野牛？求职面试时应该说什么？当你第一次面对体型巨大的哺乳动物或严厉的领导时，你不会想当场问自己这些问题。通过思维发散，你可以模拟这些时刻，以便当事件真正发生时，你已经做好了准备。

此外，思维发散也帮助解决了神经科学领域的一个令人烦恼的难题。研究人员曾经认为，大脑的主要功能是对外界环境刺激做出反应。例如，当你开始阅读一本小说时，控制视觉和阅读的神经元板块将被“点亮”；而当你闭上眼睛时，它又将关闭。但到了 20 世纪与 21 世纪之交，科学家发现一个神秘离奇的现象：当人们无所事事时，有一组大脑区域[3]依然保持着活跃状态。大脑会因此消耗大量的能量。为什么要让它白白消耗能量呢？

事实证明，无所事事是人们最重要的职责之一。游手好闲的人会自找麻烦，但闲置的大脑可以自由地做白日梦：提前计划、进行回忆及展开想象。大脑中持续活跃的神秘区域是一个用于思维发散的控制系统[4]。它们不是对外界做出反应，而是将人们投射到过去和未来，甚至另一个世界。

大脑的这些区域在共情中也扮演着重要的角色。这很好理解，因为共情同样不受约束。当你想象母亲对你最近发给她的邮件有何感想时，或者想象最近一起大规模暴力事件的受害者会有何感受时，你在精神上会进入他们的世界。

你越多地进入大脑的思维发散系统之中[5]，就越能够深入地理解他人的想法和感受。

即使你想象的那些人物是虚构的，也是如此。思维发散是一种奇怪而又珍贵的人类娱乐方式的核心。人类在很久以前就开始讲故事了：以前是大声说出来，如今则是写在纸上或投在屏幕上。在真实的人群包围之下，人们花费大量的空闲时间来思考那些从未存在过的人经历的从未发生过的事情[6]。最近，心理学家开始讲述一个关于故事的新故事。**叙事艺术不仅仅是一种消遣，也是一种古老的技术：一种用来放松思维束缚、提高表现效果的精神药物[7]。**人类祖先通过故事想象他人的生活，规划可能的未来，并就文化规范达成一致。在现代社会，它们则以一种新的方式发挥作用：人们通过故事变得更容易与人共情，远隔两地的人变得不那么疏远，对他人的关怀也不再那么困难。

戏剧表演：认知共情的推手

“如果你听到了乌鸦的叫声，那你也该知道糖馅饼的事了！”爱丽丝在公爵夫人的注视下质问厨师。

这时，前排的一个声音打断了她：“不对，你应该是感到好奇，而不是指责。”

爱丽丝，实际上是由一个名叫奥莉的 13 岁女孩扮演的角色。她巧妙地调整了自己的语气，重新说出了刚才那句台词。她穿的不是传统的蓝色连衣裙，而是一件超大号毛衣，还穿着一双帆布鞋。奥莉正在青年演员剧院诠释她的第一个角色。30 年来，青年演员剧院一直在训练 4 ～ 17 岁的孩子在舞台上表演和撰写剧本。《爱丽丝梦游仙境》是他们最新的表演作品，当天正是他们排练的第一天。舞台上演员的动作起伏不定，他们看起来比我记得的任何一个中学生都要自信，不过，他们的台词说得依然磕磕巴巴，在彼此面前站得也很不自在。其中，最小的演员比她的同伴小好几岁，紧贴着一个比她大的女孩，像一条领航鱼在海龟旁边游泳一样。

青年演员剧院的艺术总监斯蒂芬妮·霍姆斯（Stephanie Holmes）可能刚从伦敦环球剧院过来：她操着一口柔和的英国口音，长着一头红色卷发，正游刃有余地指挥着整个表演团队。每隔一分钟左右，她就会从座位上坐起来，温柔地给予指导。霍姆斯有两种指导方式。首先，她敦促演员思考观众看到和了解的剧情。她将最小的演员调整到舞台上更显眼的位置。她说："亲爱的，你的任务就是要确保自己能让观众看到。"她又解释了日常打喷嚏和舞台打喷嚏的区别："不仅仅是'ch'，而是'chOOO'[①]! 然后头向前倾。"

其次，霍姆斯要求演员考虑自己扮演的角色的内心世界。在其中一个场景中，国王由一个长着一头浓密金发的瘦小男孩扮演，他如此介绍爱丽丝："王后——我的妻子。"在他正一本正经地读台词时，霍姆斯插了进来："每次当你说'我的妻子'时，其实是因为她像对待婴儿般对待你，所以你必须提醒自己：'她是我的妻子。'而你之所以停顿，是因为这件事让你感到惊讶。"

奥莉是一位经验丰富的表演者。她有着典型 13 岁女孩那种紧张的活力，戴着一排牙箍，即使是在一对一的对话中，她的声音也很突出。小时候，奥莉就曾在自己的房间"表演"过《天鹅湖》和《睡美人》等作品。不过，并非所有的演员都是天生的。在《爱丽丝梦游仙境》一剧中扮演"睡鼠"的演员艾拉就不是。

① 即拉长尾音。——编者注

艾拉小时候非常害羞，初中一年级时，她转学到了一所新的学校，两个星期没有和任何人说过话。她之所以加入青年演员剧院，只是因为她的哥哥和霍姆斯的儿子是好朋友。艾拉早期扮演的角色与她的胆怯性格很相配，比如，她的第一部表演作品是《沉默的猫》（*Silent Cat*），不过她后来终于尝试了更有野心的角色。这样做的时候，艾拉发现自己在舞台下变得更加勇敢、自信起来。“我现在是学校中特别吵、特别爱说话的那种人，总是说个不停！”

霍姆斯让演员认识到了自己的经历与扮演的角色之间的共同点。为了演好爱丽丝的好奇和困惑，奥莉最近安排了一次意大利之旅。这是她第一次到国外漫游。

艾拉最近在《美女与野兽》中扮演贝儿一角。在一个野兽失踪的场景中，艾拉本应该演出孤独感和恐惧感，但她不知道该怎么演。霍姆斯鼓励她，让她想象如果自己被带离家人会是什么感觉。独白结束后，艾拉哭了起来。

康斯坦丁·斯坦尼斯拉夫斯基（Konstantin Stanislavsky）是表演学派中“方法派”的创始人之一，他将演技称为“经验艺术”。他曾训练演员思考角色的动机、信念和经历。他相信，如果这一过程能准确无误地完成，那么这种准备就会如变魔术般凭空唤出真实的内心世界，这个世界会通过真实而深刻的表演浮出水面。斯坦尼斯拉夫斯基曾写道：“（演员的）工作不仅仅是呈现角色的外在生活，还必须将自己的人格融入另一个人的生活，并倾注全部灵魂。”[8]

这听起来像是共情中的极限运动，方法派的演员经常付出艰苦的努力以呈现出角色的生命。在电影《钢琴家》（*The Pianist*）中，阿德里安·布罗迪（Adrien Brody）饰演的什皮尔曼是一位音乐家兼作曲家。在第二次世界大战期间，什皮尔曼藏身于波兰华沙的犹太人区多年，忍受着饥饿和孤独，通过艺术寻求安慰。为了演好这个角色，布罗迪断绝了与他人的联系，搬到了欧洲，独自生活了好几个月，每天弹几个小时的钢琴。另外，由于吃得太少，布罗迪瘦了近 20 千克。正如布罗迪所说，他试图“鼓励孤独，鼓励丧失”。

演员一遍又一遍地将自己的想象带入他人的脑海之中。如果这样能让思维发散，应该也能增强共情。不是吗？

塔利娅·戈尔茨坦（Thalia Goldstein）生来就是为了回答这个问题的。5 岁时，戈尔茨坦编排了一场《咩咩黑羊》（*Baa Baa Black Sheep*）的表演，并将 2 岁的妹妹招进了演员阵容。当她们为父母和祖父母表演时，妹妹打断说要小便。戈尔茨坦同意了，但一直保持原地不动，直到妹妹返回才继续表演，并唱起了歌，接着唱刚才停下的那一段。

到了高中，戈尔茨坦已经成为一名接受过充分训练的戏剧爱好者。不过，由于父母“坚决建议”她在大学不能只学戏剧，于是戈尔茨坦修了心理学和戏剧双学位。毕业后，她在纽约当过服务员、保姆和健身房接待员，并尽可能地参加各种试镜。在《汤姆·索亚历险记》的全美巡演中，戈尔茨坦曾饰演了贝基·撒切尔（Becky Thatcher）一角，不过她参与的其他演出则没有太大的价值。她在宾夕法尼亚州花了好几个月的时间做餐厅剧场，感到孤独且不合时宜，试镜选拔也让她头疼：“作为一位 23 岁的女性，参加音乐剧演出的时候，多数情况下会被当作白痴对待。你得长得可爱，眼睛要大，其他只要正常就行。”

可惜戈尔茨坦没有这些。在错过了一个梦寐以求的角色后，她在床上哭了一天，然后决定做出改变。她重拾心理学，但又想维持对艺术的热爱。“我向任何愿意让我学习创造力、艺术或想象力的人申请博士学位。”后来，戈尔茨坦进了一所儿童发展研究实验室。当时，研究人员关注的一个热门话题是儿童的“认知共情”，从本质上说就是理解他人思想的能力。大多数 2 岁大的孩子并不知道他人是如何看待世界的，大多数 4 岁的孩子则已经知道了。他们到底是什么时候学会理解他人的思想的？为什么有些孩子比其他孩子更擅长理解他人？

戈尔茨坦发现，这些问题从另一种视角来看就变得很熟悉。“理解他人的信念、欲望和情感，听起来跟演戏很像。”意识到有机会将研究与自己的兴趣结合起来，戈尔茨坦决定在第一学期投入将认知共情与戏剧结合起来的所有研究中[9]。然而，她连一项相关研究都没有发现。戈尔茨坦意识到自己有正事要做了。

有线索表明，戏剧表演可能有助于人们相互理解。在一项研究中，心理学家对 4 岁儿童的幻想偏好进行了测试：他们有想象的朋友吗？他们想象变成动物、飞机或不同的人的频率如何？然后，研究人员对这些孩子进行了读心术测试。在其中的一项测试中，孩子在打开一个蜡笔盒后，惊奇地发现里面有一只玩具马。接着，研究人员问他们，没打开过蜡笔盒的孩子会认为盒子里面装的是什么。如果孩子能意识到自己知道盒子里面装的是什么，而没打开过盒子的孩子不知道，那么他们将通过测试。换句话说，如果打开过蜡笔盒的孩子认为没打开过盒子的孩子会以为蜡笔盒里是蜡笔，那么他们将通过测试。结果表明，想象力活跃的孩子比想象力贫乏的孩子表现得更好[10]。戈尔茨坦认为，人们既然能激发孩子们的想象力，应该也能增强孩子们的认知共情。

共情实验室 THE WAR FOR KINDNESS

后来，戈尔茨坦与当地的一所艺术高中合作，将戏剧专业的学生与音乐和视觉艺术专业的学生进行了比较。两组人都进行了两项共情测试：从人们的眼睛图片中和人们互动的电影中辨认出某些情绪。在这两项测试中，戏剧专业的学生表现得更为出色。正如戈尔茨坦所写的那样："因为演员一次又一次地'变成'他人，所以他们可能是出类拔萃的读心术专家。"[11]

这项研究本身并不意味着表演能让人产生更多共情。戏剧表演可能只吸引那些擅长共情的孩子，他们是一个自我选择的群体，本就擅长理解他人。戈尔茨坦曾与天赋异禀的天生演员一起表演，这些演员能毫不费力地进入角色。她认为他们那种思维发散的程度不可能被教授，但她仍然相信训练可以起到作用。"如果我找到一个普通人，教她一些网球技术，虽然她不可能像网坛传奇威廉姆斯姐妹那么优秀，但她肯定会比以前更好。"即使戏剧班的孩子一开始就有较强的共情能力，训练也可能会让他们更容易与他人共情。

戈尔茨坦又设计了一项更严格的研究。她对视觉艺术专业和戏剧专业学生的共情能力进行了两次测试：一次在学前，另一次在一学年后。结果表明，接受过表演训练的学生开始时确实比视觉艺术专业的学生更能与人共情，一年后，戏剧培训同样提高了学生的认知共情能力，而视觉艺术培训则没有起到作用[12]。

戈尔茨坦的第一批研究发表于大概 10 年前，从那时起，她与其他一些人进一步改进了研究方法。新的研究将被试进行随机分配，一部分参加表演课程，另一部分参加作为"安慰剂"的其他课程，如团队建设研讨会。他们的研究发现虽是初步的，但前景令人看好。接受戏剧培训的住院医生之后会与患者进行更多的情感交流。完成为期两周的戏剧课程的孤独症儿童[13]在共情测试中表现得更好，他们的家人也发现自己与孩子的互动变得更为顺畅。

正如我们所见，共情代表了心理力量之间的推动与拉扯。表演改变了这些力量之间的平衡。首先，表演使得共情更有吸引力。改变视角的能力是戏剧的制胜法宝；优秀的演员能够精准地塑造角色的思想和情感。其次，与虚构作品之间保持的距离，使得表演能抑制共情所花成本。例如，艾拉在扮演贝儿时哭了，奥莉在扮演爱丽丝时感觉自己身处一个充满奇迹和混乱的陌生之地。不过，她们对这些虚构生活的探索是短暂且自愿的。当她们回归现实生活后，也许比以前能更懂得享受生活。

小说阅读：打开共情之门的钥匙

实际上，更低调的思维发散形式也能建立共情。扮演爱丽丝需要其他工作人员的协作，需要舞台支持，需要热爱公开表演，而大多数人则更喜欢蜷缩在沙发上读关于爱丽丝的故事。

10 多年来，心理学家雷蒙德·马尔（Raymond Mar）一直在研究阅读小说对人的影响[14]。在他看来，小说和故事为人们提供了体验多种人生的机会，如黑人女性的奋斗挣扎以及先驱者在月球上的与世隔绝等。如果我们突然获得了飞行能力，或者需要闯入白金汉宫，那么我们都可以据此制定执行策略。

马尔和其他研究人员发现，爱读书的人比不爱读书的人更容易识别出他人的情绪[15]**。**爱读故事书的儿童比不爱读书的同龄儿童能更早地发展出理解他人的技能。而且，即使阅读少量的小说也能激发共情[16]。一项研究发现，与那些读非小说类书籍的人相比，读过乔治·桑德斯（George Saunders）的小说《十二月十日》（*The Tenth of December*）的人能更准确地识别他人的感受。另一项研究表明，与阅读抑郁症的科学描述文章相比，阅读关于抑郁症患者的文学描述后，人们更有可能向支持抑郁症研究和治疗的组织捐款。

共情实践者

THE WAR FOR KINDNESS

善用叙事艺术对共情的巨大价值，听取和想象故事带来的思维发散，能帮助人们更深入地理解他人的想法和感受，并与他人共情。这在早期教育中同样有效，引导儿童广泛阅读，尤其是小说类的作品，能促进儿童更早地发展出理解他人的能力。

书籍很便携，也很沉默，甚至很神秘。通过阅读，读者可以穿越到其他世界，即便邻座的人也可能浑然不知。这意味着，即使在公开场合拒绝或避免与他人接触，读者也能安全地产生共情。

这些体验是"轻接触"的：读者能体验群外人的生活，而不用承担真实互动的负担。这些经验可以为真正关心群外人铺平道路。例如，撇开复杂遗产不谈，斯托夫人（H.B. Stowe）的小说《汤姆叔叔的小屋》将读者与一个虚构的奴隶的痛苦联系起来，让读者"看到"无数人实际上正忍受着残酷的生活。这部小说影响深远，亚伯拉罕·林肯见到斯托夫人时曾打趣道："你就是那个写了本书，开启这场伟大战争①的小妇人。"此外，厄普顿·辛克莱（Upton Sinclair）的《丛林》（*The Jungle*）使得读者直面肉类加工业的不人道条件，引发了美国工人运动。

这种模式也出现在了实验室研究中[17]。在一项研究中，一些人读到一篇虚构的文章，讲的是一位阿拉伯裔美国女性抵御种族主义的袭击；另一些人读的则是同一个故事的概要：以同样的节奏呈现，但去掉了引人入胜的对话和内心独白。与阅读概要的读者相比，阅读完整故事的人表现出更多的共情，其偏见更少。

① 指美国南北战争，战后美国废除了奴隶制。——译者注

小说是共情的“入门药”。当现实世界的关心太困难、太复杂或太痛苦时，小说能帮助人们理解他人的感受。正因为如此，即使貌似不可能，小说也确实可以帮助恢复人与人之间的联系。

电视广播：开启疗愈之路

1994 年，胡图族多数派和图西族少数派之间长期存在的紧张关系因总统朱韦纳尔・哈比亚利马纳（Juvénal Habyarimana）的飞机被击落而被激化，此后，种族灭绝运动持续了数十天。此间，平均每小时就有 20 ～ 40 人丧生。

正如一名幸存者所描述的那样，暴力“像雨水一样”席卷了整个国家。[18] 实际上，它是随着时间的推移而建立起来的，部分原因是人们受到了精明的鼓吹者的刺激。历史学家让・克雷蒂安（Jean Chretien）认为，种族灭绝是由两种工具驱动的：“一种非常现代，另一种则不那么现代：收音机和大砍刀。”[19] 当时，广播是卢旺达最受欢迎的媒体，在卢旺达全国各地，人们聚集在一起听音乐、看头条新闻及肥皂剧。1993 年，一个新的电台——卢旺达自由千山电台（RTLM）占领了卢旺达的广播。当卢旺达国家频道播放古典音乐和新闻短片时，卢旺达自由千山电台播放的是热门舞曲和娱乐节目。该电台还聘请了魅力非凡的播音员，他们的独角戏占了电视台内容的一半以上[20]。他们经常开玩笑，大声喊出曾去过的村庄和遇到的人。“我们的首要任务是向所有卢旺达人提供他们最喜欢的新闻，并为人们带来欢笑。”[21]

许多卢旺达人对这些节目记忆犹新，但卢旺达自由千山电台却有着险恶的用心[22]。电台人员属于日益增长的、充满仇恨的胡图族权利运动的公关部门。他们恶意指责图西族的腐败和暴力，并将其非人化，称其为“蟑螂”（inyenzi）。

大约在同一时间，卢旺达的官员被数以千计的关于种族灭绝事件的起诉压垮了，他们转而求助于传统的司法体系：加卡卡法院（gacaca court）。“gacaca”大致可以翻译为“草地上的正义”，该法院允许受害者在社区法庭上面对攻击者；嫌疑人可以认罪并道歉，接受与罪行严重程度相称的标准刑罚。但由于在此过程中，人们会被迫重新体验曾经遭受的伤害，加卡卡法院让人们在公开场合揭露了自己内心的创伤[23]。

一些媒体人认为，在暴力事件后，人们太脆弱了，难以进行交流。他们制作了一些电视广播剧，以此为卢旺达人提供一个安全的开端，让人们得以思考背叛、暴力和宽恕。这为共情创造了空间。

当时，耶鲁大学的研究生贝齐·利维·帕鲁克（Betsy Levy Paluck）研究了宣传的有害影响，并受到这样一种观念的启发，认为宣传或许可以成为一种有益的力量。帕鲁克经过研究发现，相关题材的电视广播剧可能会减轻卢旺达人的恐惧和愤怒，也能帮助人们度过艰难时刻。

帕鲁克从未想过电视广播剧可以消除种族灭绝的创伤，但她确实相信它可以帮助卢旺达人开启疗愈之路。“虽然我不能说这些节目带来了真正的宽恕或和解，但我希望它能让人们的思想朝那个方向前行。”

叙事艺术：减少群体间的冲突

《离开仇恨后的生活》曾让我感到惊讶，因为它并没有专门致力于推翻其成员对群外人的偏见。它始于帮助成员建立对自己的同情心。同样，小说、戏剧和虚构作品可以帮助读者通过其中的角色重塑自己的生活，尤其是当他们迫切需要一个新的故事来讲述时。

“文学改变生活”这一理念始于 1990 年，是由两名愤怒的“鲍勃”在一场网球比赛中构想出来的。一个是马萨诸塞州大学达特茅斯分校的英语教授鲍勃·韦克斯勒（Bob Waxler），他认为，与工程学和计算机科学相比，文学正在被边缘化，被视为一种老掉牙的奢侈品。不过，每个学期，他依然会看到学生从经典小说中汲取现实生活的意义。“我开始思考，‘我想找到一种方式来证明文学仍然有改变世界的力量’。”

另一个是马萨诸塞州新贝德福德地方法院的法官鲍勃·凯恩（Bob Kane），他感到很沮丧：同样的人一次又一次地来到法庭，被指控犯有同样的罪行。这让凯恩觉得法庭就像一扇旋转门。美国司法统计局[24]曾对 2005 年释放的 40 多万名囚犯进行了跟踪调查。到 2008 年，其中约 2/3 的人再次被捕。数据显示，一旦进入司法系统，人们就很难脱身了。

这两个老朋友互相吐槽，之后韦克斯勒提出了一个不同寻常的实验：由凯恩选择某些罪犯并缩短其刑期，前提是他们同意加入一个由韦克斯勒带领的阅读小组。凯恩立刻同意了：“我赞成这个主意。”他请缓刑监督官韦恩·圣皮埃尔（Wayne Saint Pierre）寻找参与该项目的候选人。

三人就一些要求达成了一致。该项目未来的“学生”应该有一长串的前科记录，并有很高的再次犯罪风险，如韦克斯勒所说：“他们很棘手。”圣皮埃尔就美国《国家地理》杂志上的一段文字对罪犯进行测试，以确保他们能够阅读。当凯恩提出参与这个项目时，有些人犹豫了。“他们只知道监狱。”韦克斯勒回忆说，许多人从来没有读过小说，也没有上过大学。不过，最终几乎所有人都同意了——第一个“文学改变生活”小组成立了。

这门课程每两周在马萨诸塞州大学达特茅斯分校的研讨室举行一次，花一个晚上讨论小说，比如《老人与海》和《卡罗莱那的私生女》（*Bastard Out of*

Carolina）等关于风险、损失和救赎的作品。第一节课后，圣皮埃尔和凯恩将加入小组。罪犯将与他们一起讨论文学作品。罪犯将负责在图书馆找到指定的书籍，而未能按时上课或阅读将被视为违反假释规定。这可不是一般的读书俱乐部。

韦克斯勒参加了“文学改变生活”小组的第一次会议，他既兴奋又忧虑。该计划公布后，引起了一些人的兴趣，也招致了大量的批评。马萨诸塞州大学的管理人员曾犹豫不决。“我从他们那里听到的第一件事就是，‘你把罪犯带到学校，他们会偷走我们所有的电脑’。”[25] 州政府官员则抱怨说，“文学改变生活”小组的做法是不给本应受到教育的人提供教育，而给罪犯提供免费教育。对许多人来说，这个想法就像是在溺爱，而且不公正。如果参与的一名罪犯再次高调犯罪，这个项目可能就会被取消。

不过，韦克斯勒还是得到了他想要的棘手的“学生”。他的第一个班由 8 名“学生”组成，他们共犯有 142 项罪行，甚至包括几起暴力犯罪。

当“学生”们读完韦克斯勒提供的一篇短篇犯罪小说后，一位“学生”告诉韦克斯勒：“这篇小说讲的就是我的故事。”那时候，他知道这个项目很有意义。“文学改变生活”小组不鼓励“学生”谈论自己的人生经历，但各个故事中的人物都为他们提供了一个审视自己的新视角。许多“学生”在自己一生中的大部分时间都被称为“坏人”，几乎没有机会扮演其他角色。

在几周甚至几年的时间里，韦克斯勒看到小说以不同的方式启发了他的“学生”。小说为他们提供了一种可能性。虽然某个角色可能会失去一切，但“学生”自己仍有机会：“悲剧英雄对自己有了更进一步地认识，他后悔了。这对他来说太晚了，但对读者来说还不算太晚。”通过小说，“学生”可以想象不同的未来以及抵达的路径。“那些经常被困在永恒当下的人因此能够突破当下、反思过去，明确自己能为创造未来做些什么。”

“文学改变生活”小组的“学生”常常惊讶于彼此对相同材料的理解是如此不同。通过讨论，他们了解到，同样一个角色可能显得阴险，也可能显得幼稚，这主要取决于读者的视角。韦克斯勒在研讨会上向“学生”逐渐灌输民主思想：不管他们做了什么，也不管他们在外面受到怎样的对待，在这里，他们的意见很重要。

当凯恩加入这个小组时，这一点变得更加明显了。对他们中的许多人来说，凯恩这个穿着黑色长袍、在法庭上俯视他们的人，代表了将他们加以贬斥的体系。有些“学生”根本不想让凯恩加入进来。不过在小组之中，凯恩并不评判任何人。他阅读书籍并分享自己的理解。更重要的是，他会倾听“学生”的意见，回应他们对某个角色的感受，或提出后续的问题。在这里，他们不是在为自己的案子辩护；他们试图找出像黑人女作家托妮·莫里森（Toni Morrison）一样的动机。对他们而言，与法官平起平坐地谈论痛苦、丧失和爱的经历是一件出乎意料的事。

课程结束时，韦克斯勒和凯恩为课程举行了毕业典礼。“学生”们回到凯恩的法庭，他们中的许多人由家人和朋友陪伴，接受了文凭和书籍。这就发生在几个月前他们被判刑的法庭上，而这一庆祝活动也标志着他们重新成为拥有洞察力和新机遇的人。

之后，课程进行了第二次、第三次。“学生”们开始讲故事，而不再仅仅是读故事。其中一个人开始给他 3 岁的女儿讲故事，他曾在贩毒时忽视了自己的家人。他告诉韦克斯勒：“对我来说可能为时已晚，但对我的女儿来说还不算太晚。”另一个人在禁酒多年后的一个晚上感到虚弱，想要宿醉一场。他沿着新贝德福德的联合街走，凝视着他曾经买酒的老店所在的那条小路。此时，他想起了《老人与海》中的渔夫圣地亚哥，圣地亚哥三个月来每天都两手空空地回家，但他坚持了下来。这个人后来告诉韦克斯勒："既然他（圣地亚哥）能做到，我也可以。后来我就沿着联合街一直走了下去，没有拐去买酒。"

"他可能不会永远听圣地亚哥的，"韦克斯勒想道，"但圣地亚哥会永远在他身旁，做他可以信赖的朋友。"韦克斯勒和凯恩相信，这就是文学的力量。其他人也开始相信了。后来，"文学改变生活"小组又在美国多个地区开设了分支机构。这个项目可能是自由主义者的梦想，但它甚至在得克萨斯州布拉佐里亚（Brazoria）扎下了根。法官也看到了给犯罪分子第二次机会的好处。得克萨斯州是一个讲究法治和秩序的地方，1976—2015 年，除俄克拉荷马州外，该州人均被处决的犯人比美国其他任何州都多。

研究人员提取了"文学改变生活"项目前 4 个班级的记录，共有 32 名"学生"，平均每个人犯有 18 项罪行。然后，研究者将他们与一组在年龄、种族和犯罪史上相似的被判缓刑的男性进行了对比。到当年年底，对照组中 45% 的缓刑犯再次犯罪，其中 5 人有暴力犯罪；而参与"文学改变生活"项目的"学生"只有不到 20% 的人再次犯罪[26]，只有 1 个人有暴力犯罪。即使是那些再次犯罪的"学生"，他们所犯的罪行也往往比以前轻。韦克斯勒认为，是"文学改变生活"项目给他们注入了更多的共情。"我愿意相信……他们对人类有了更多尊重，在打人之前会再三思考。"一项更为雄心勃勃的跟踪调查追踪了约 600 名"文学改变生活"项目的"学生"，以及数量相近的用于对照的缓刑犯。结果同样显示，"文学改变生活"项目的"学生"再次犯罪的可能性更小，即使再次犯罪，他们所犯的罪行也不那么严重。

"文学改变生活"项目是类似项目中的首例，对它的研究仍处于初级阶段。但对很多人来说，这一项目很有效，而且非常划算。"文学改变生活"项目大约会为每个“学生”花费 500 美元；而如果“学生”再次犯罪，一年的监禁就要花费超过 3 万美元。这可能是它最不重要的度量指标。该项目启动时，凯恩受到了受害者权益组织的问询：“你怎么能在罪犯还未服完刑时就把他们送回大街上呢？”他回答说：“想象一下，由于有了这个项目，将会减少多少新的受害者。”

自“文学改变生活”项目启动以来，越来越多的法官将文学融入了刑事司法。2008 年，28 名青年男女在佛蒙特州的罗伯特·弗罗斯特（Robert Frost）避暑别墅举办了一场喧闹的派对后，被判犯有非法侵入住宅罪和破坏公共财物罪。他们并没有被关进监狱，而是被安排参与一个专门设计的有关弗罗斯特生活和工作的研讨会。在巴西和意大利，罪犯每读一本书可以减刑三四天。

显然，从很多方面来看，就社会整体而言，人们仍然认为文学是多余的。例如，在 2006 年的“比尔德案”（Beard vs. Banks）中，美国最高法院支持剥夺囚犯阅读文字材料的权利，尽管有证据表明，在监狱中的图书馆阅读使得囚犯获释后找到工作的可能性增加了。对韦克斯勒来说，这样的决定表明了文化对底线在何处的困扰，将艺术置于边缘位置。“越来越多的人认为，人是经济理性之人，基于这种观点，人文和艺术确实几乎没有存在的理由。”2014 年，纽约市约有 28% 的学校缺少全职艺术教师[27]；而在较贫困的社区，这一比例超过 40%。

通常，艺术很难通过政策制定者欣赏的方式来呈现其价值，生物化学家的贡献比剧作家更容易量化。但是，心理学家和艺术家之间的团队合作正改变这一境况。戈尔茨坦开始戏剧研究时曾遭到科学家同行的怀疑，但却获得了演员和戏剧教师的热情支持。“他们想要证据来证明，他们正在做的事情对人们有益，这也正是他们应该存在的理由。”

现在，相关的证据越来越多。**艺术，尤其是像文学和戏剧这样的叙事形**

式，能够帮助我们解开束缚。即使在最艰难的情况下，艺术也能使共情更安全、更愉悦。事实证明，讲故事不仅是最古老的消遣方式之一，也是最重要的消遣方式之一。

共情实践者

THE WAR FOR KINDNESS

人们可以尽可能多地通过戏剧、小说、电视广播等来想象和体会他人的内心，学会更容易地识别他人的情绪，从而重塑思维方式与生活。

THE WAR FOR KINDNESS

第 5 章

共情疲劳：如何摆脱过度共情的危害

观点直击

- 普遍存在于医护人员身上的“共情疲劳”，一直在对他们造成伤害。
- 医护人员的共情有利于对患者的治疗。
- 与患者共情会给医护人员带来风险。
- 社会支持和正念练习能够减轻医护人员的职业倦怠。
- 医护人员可以通过正念练习来提高共情能力。

贝尼奥夫儿童医院（Benioff Children's Hospital）位于加州大学的中心地带，是世界上最先进的医院之一。它的外墙由玻璃幕墙构成，点缀着彩色玻璃碎片。走廊里常常播放着背景音乐，摆放的艺术收藏品也经常被轮换。我的女儿阿尔玛就是在这家医院出生的。

阿尔玛出生那天，既是我生命中最美好的一天，也是最糟糕的一天。经过漫长而艰难的努力，不到凌晨两点，阿尔玛在手术室中出生了。我和妻子期盼着听到她的哭声，但手术室中一片寂静，医生和护士的脸上充满了忧虑——阿尔玛不得不再次艰难求生。后来我们得知，阿尔玛在出生时罹患了脑卒中。她被火速送往重症加强护理病房，接受电击治疗。

在阿尔玛出生时，我知道了两件事：第一，我迫切地想要保护她，愿意付出任何代价；第二，我已经失败了。

医护人员列队到阿尔玛的病床前看望我们。他们有的在早上 5 点来，有的在中午或午夜来，有时停留 1 分钟，有时停留 20 分钟，来时通常没有任何特别嘱咐，但总有新消息。阿尔玛的感染征象消失了，但她颅骨下的炎症却没有消退。虽然病情发作不会危及她的生命，但可能会持续数年。医生只是将阿尔玛的病历给我们分析了一下，我们却觉得他们似乎对病历上的内容有生杀大权。在经历了一系列折磨之后，我们希望得到他们真正的怜悯。

然而，重症加强护理病房的医护人员在对待我们的方式上，分寸控制得很好。他们解答了我们所有的问题，也忧我们所忧。有一天，天还没亮，一名医生在传达了一些坏消息后，与我谈了一小时关于父亲这一角色的事情。我们真正的救命稻草是莉兹·罗杰斯（Liz Rogers），她是负责阿尔玛的新生儿专家，也是新生儿科的副主任。莉兹的头发很斑斓，主体是栗色，有些部位偏灰色，有些部位偏金色。她的脸色也复杂多变，谈到阿尔玛时，她看着我们，面带微笑，但眼中暗含悲伤。每次进阿尔玛的病房，莉兹都会拥抱我和妻子。她和我们一起哭泣，并谈论她自己的孩子。

虽然我研究共情有很多年，但却很少以如此深刻的方式感受过它。这里的医生、护士和技术人员都是陌生人，但在我们生命中最艰难的时刻，他们却成了我们最亲密的人。他们也为无数其他人做着同样的事情。重症加强护理病房专治那些挣扎在生死边缘的早产儿，这些孩子中有的非常脆弱，甚至连抬高腿这样的动作都可能会导致脑出血。这些孩子的家庭面临着大多数父母无法想象的恐惧。如果重症加强护理病房中的悲伤是一种光点，那么即使身处太空，也能看到成片的亮光。

每一天，莉兹和其他医护人员都在目睹和对抗悲伤与痛苦。当他们回到自己的家里，好像一切都很好，第二天又回来准备再次经历同样的境况。他们就像是共情的超级英雄。但他们能否维持这种节奏？如果可以，他们又能维持多久？他们的关心是否会带来损耗？

见证了太多痛苦

我们通过前文已经了解到，人们可以从与他人共情之中获益。但请想象一下，你每时每刻都要接纳他人的感受的情境：当你走在某个穷人聚集街区或观看悲剧性新闻时，不可能不崩溃；如果儿子摔断了腿，你会惊慌失措，觉得自己毫无用处；如果朋友崩溃了，对离婚感到沮丧，你会哭得不能自已，以至无法安慰他；如果你跟我一样是名治疗师，共情会让你抓狂。

没有任何一种情绪体验是绝对有益或绝对有害的[1]。焦虑让人难受，但它也可以激励我们面对挑战。快乐让人感觉良好，但它也可能转变为躁狂。有时，我们可以更多地运用共情，但过多的共情也可能会削弱我们的能力。二三十年前，卡拉·乔因森（Carla Joinson）创造了“共情疲劳”（compassion fatigue）[2] 这一术语，它表示的是共情带来的重复性损伤。乔因森写道：“人类的需求是无止境的，医护人员往往会觉得‘我总能多给予一点’，但有时他们真的无能为力。”

虽然乔因森关注的是护士，但共情疲劳会毁掉任何经常被痛苦包围的人。仅在美国，就有数千万人常常为苦痛折磨。例如，患有慢性病的人大部分时间都需要亲人的照顾。照顾配偶或父母是一种道德责任，虽然它的确很有益，但也很有压力。看护者看着亲人遭受病痛和伤残，无计可施，也无法预测接下来会发生什么。在许多情况下，他们必须时刻保持警惕，因此难以有效地工作和维系良好的关系，而这个过程会持续损耗他们的身心。与其他人相比，看护者更容易罹患抑郁症[3]，整体健康状况也更容易出现问题。

对父母来说也是如此。人们倾向于将疲惫视为提供良好养育环境的典型特征：相信自己已经给予了孩子一切，然后想再多给予一点。但是，践行这一理念可能会给父母带来身体上的伤害。在一系列研究中，父母报告了自己的共情能力，而处于青春期的子女描述了自己的情感生活。结果发现，共情能力强的父母的孩子愤怒较少，情绪波动也较小，能更快地从压力中恢复。但共情能力强的父母也付出了代价[4]：他们表现出慢性炎症和更明显的细胞老化的征象。当孩子经历抑郁时，与共情能力弱的父母相比，共情能力强的父母会经受更多炎症的影响。这就像是关心孩子的父母将自己的幸福转移给了孩子。

即使没有孩子或生病的亲人，人们也很容易因关心过度而紧张。现代生活为人们提供了前所未有的机会来扩展共情范围，记者和活动家充分利用了这一时机，他们通过展现苦难的画面来激发人们采取行动。这就是救助儿童会和美国爱护动物协会的广告背后的逻辑：看到一个饥饿的孩子或一只无助的动物，怎么会有人不关心，怎么会没有人提供帮助呢？

但媒体令这些影像泛滥成灾，同时也助长了共情疲劳的普遍化。1996 年，心理学家发现，在美国，多达 40% 的电视观众由于报道的坏消息感到疲惫不堪。在那之后，新闻报道的周期又缩短了。在短短几分钟内，读者就可以看到美国大规模枪击事件、孩子与父母在美国与墨西哥边境的分离场景以及自然灾害肆虐加勒比海的新闻。2018 年，一项皮尤民意调查发现，近 70% 的美国人感到“新闻疲劳”[5]。

很少有人比“有爱心的专业人士”更容易过度共情了，如医生、社会工作者、心理治疗师、教师以及其他为处于困境中的人提供帮助的人。正如人们所见，当觉得他人的痛苦将要压倒自己时，大多数人会选择避开。富有爱心的专业人士却不能这样做。即使这样做了，许多人内心也并不情愿，因为他们是人道的首要响应者，出于对他人的深切关怀从事工作，而逃避他人痛苦的行为背离了他们的核心价值观。然而，在共情的作用下，这些价值观可能很快就会转变为职业风险因素。

在重症加强护理病房

阿尔玛出生后的第 18 个月，我回到重症加强护理病房，开始观察那里的医护人员。在一天开始的时候，护士、医学生和住院医生轮换着进入病房，讨论每位患者的情况。这种查房由主治医师带领，持续两三个小时。

梅莉萨・利博维茨（Melissa Liebowitz）是重症加强护理病房的一名研究员，很快就会成为该机构最新的主治医师。当天，她负责带队查房，莉兹紧随其后。梅莉萨扮演这个角色可能已有两周了，也可能已有两年了。她时刻散发着智慧的魅力，保持着耐心。当医学生和护士查看患者的最新状况时，梅莉萨会问他们很多问题。她看起来很累，眼睛始终湿润，身体重心不停地从一侧偏向另一侧。

在讨论病例时，团队会使用快捷方式进行速记。我们看到一个婴儿在母亲怀孕 25 周时就出生了，目前体重约 700 克，比前一天增加了 50 克[6]。前一晚他出现了 12 次呼吸暂停、4 次心动过缓和 3 次低氧血症，这些都是早产儿常见的心肺功能障碍的临床症状。

这些细节揭示了婴儿的病情，也模糊了婴儿挣扎求生的艰难。这个婴儿扭动着身体，以一种不可思议的高音哭泣。护士通过一个塑料屏障将手伸进抚育器。婴儿的手臂和护士的中指差不多粗。他被众多机器包围着，这些机器通过接线连接着他身体的十几个部位。他看起来就像电源的核心，好像是他在为这些设备供电，而不是设备在为他维持生命。考虑到他的胎龄，他有约 70% 的概率活过这一年。在这间重症加强护理病房的侧室中，还有 12 个像他一样的婴儿，整家医院大约有 55 个这样的房间。

与梅莉萨和她的团队站在一起时，我很难想起这个地方曾经对我的家庭意味着什么。色彩柔和的花卉壁画及让人难受的塑料椅子令我回忆起当初的日子。一些医护人员看起来熟悉，但又很陌生，好似梦里出现过的人物一样。我等待着自己曾在医院外感受到的那种恐惧再次袭来，但它却被一堵由首字母缩略词组成的墙阻止了。对这里的员工来说，持续不断的种种细节会让他们保持情感疏离。莉兹告诉我："这是一种保护机制，或许也是一种逃避的方式。"警报不断响起，但是是以多样而舒缓的方式，这样就不会吓到任何人了[7]。

你可以通过团队成员在孩子身边停留时间的长短来猜测孩子的预后情况。如果他们快速通过，那么说明孩子的状态可能很稳定；如果徘徊不前，那就是出问题了。当天，我们讨论弗朗西斯科的时间最长。3 周前，他在圣何塞附近的一家小医院出生，早产了 12 周。大约 1 周后，弗朗西斯科停止进食，腹部肿胀，大便带血，这些都是坏死性小肠结肠炎的临床特征。坏死性小肠结肠炎是一种罕见的疾病，早产儿的肠道会在体内坏死。这个团队将于当天晚些时候展开行动，调查坏死的程度。

弗朗西斯科的状况让团队成员明显感到紧张。前一晚他一连出现了几次心动过缓，需要用心肺复苏术来恢复心跳。虽然他们没有正面提及，但通过他们的交谈我意识到，弗朗西斯科可能活不下去了。在重症加强护理病房，大约每周会有一名婴儿死亡。团队成员散开了，梅莉萨留下来进行检查。弗朗西斯科的肤色呈核桃壳色，腹部膨胀透明，血管清晰可见，头发又湿又乱。他闭着眼睛，通过呼吸管可以看到他脸上扭曲挣扎的表情。他的右手紧紧地攥着。"现在我有了自己的儿子，这份工作带来的考验正以一种新的方式折磨着我的内心。"梅莉萨告诉我。

梅莉萨的儿子 5 个月大了，她的工作改变了她为人母的方式。她经常担心，而且担心的都是很具体的事。有一次，在儿子吐了几次后，梅莉萨就开始检查儿子是否罹患幽门狭窄，直到丈夫请求她才停止。当初，梅莉萨比大多数准妈妈等了更长的时间，才将怀孕这件事告诉父母和朋友，同时还密切关注着所有可能出错的情况。

在弗朗西斯科接受手术之前，我们收到了更多的坏消息。超声检查显示弗朗西斯科的脑内有出血，这可能会导致预后不佳。外科医生十分怀疑是否还值得动手术："我们现在接诊了一个脑部出血、肠道有问题的孩子，需要进行讨论。"埃拉娜·柯里（Elana Curry）是重症加强护理病房对接弗朗西斯科的社会工作者，莉兹和梅莉萨快步走向她的办公室，情况将变得更为复杂：弗朗西斯科的父母都是外地打工者，他们只会说墨西哥当地的语言，没有处理复杂医疗问题的经验。柯里通过翻译向他们解释了抗生素如何起作用、手术涉及的问题以及肠道的含义等。

团队成员就是否应对弗朗西斯科实施手术进行了讨论。"如果是我的孩子，我不会这么做。"梅莉萨说。即使手术成功，弗朗西斯科的余生也将依赖机器生存。在梅莉萨看来，等待弗朗西斯科的只有更多的痛苦。研究团队打算让弗朗西斯科的父母来决定，但他们对现状的理解甚少，又如何能做出决定呢？柯里绞尽脑汁地描述出血、预后、昏迷等一系列问题。团队与弗朗西斯科的父母举行了一次私人的"家庭会议"。当时我在会议室外面等着。室内，一张长方形的木桌被旋转椅包围着，旁边的橱柜上放着倒置的纸杯。而就在一年半前，我和妻子曾在那张桌子上痛哭流涕。

几分钟后，他们出来了。"这是这段时间以来我参加过的最艰难的会议之一。"莉兹说道。弗朗西斯科的父母不明白发生了什么，不愿做出决定，他们将选择权交给了莉兹，而莉兹决定继续进行手术。她原本应该扮演的关键角色之一是在患者家庭最无助的时候给予他们力量的人，代替他们做出这样的选择完全不符合她的角色。

手术一旦确定下来，十几个人就会“出现”，他们的目的很明确，即测量、调整并进行手术操作。手术就在弗朗西斯科的病房中进行，异常安静。令人感到震惊的是，重症加强护理病房的其他区域竟然毫不受影响：几米外，一对父母穿着前一晚留下的衣服，正等待着儿子的磁共振成像检查结果。隔壁房间里，一名门卫正在拖抚育器下面的地板，一位护士正朝抚育器里看；在他们身后，一位母亲蜷着身子躺在双人座椅上。在大厅里，护士和医学生正讨论午餐吃什么。他们表现得好像一切如常。这听起来似乎很残酷，但在这里，这是正常的状态。

我去了自助餐厅，想吃点东西。不到 5 分钟，我收到了莉兹的短信：“手术似乎结束了，但没有好消息。”我突然意识到，在过去的 5 小时里，我没有看到莉兹吃任何东西、上过一次厕所，也没有看到她休息片刻。楼上，梅莉萨出现了。在手术过程中，研究团队发现弗朗西斯科的病情恶化了，整个小肠都坏死了，“难以为生”。但最令梅莉萨难过的却是另一件事情：当医生切开第一个口子时，弗朗西斯科的心率飙升，这表明他感到了疼痛。

医院的屋顶露台上点缀着苍白、纤细的灌木。风从附近的山上呼啸着吹来，飞卷过我们，然后吹向海湾。东侧一览无遗：码头零星散落，驳船悄无声息地来来往往。在这片广阔的土地上，弗朗西斯科的父母很渺小。他们坐在一张长凳上，手挽着手，低着头。7 名医护人员出现了，他们跪了下来，将弗朗西斯科的父母团团围住。

外科医生通过翻译说明了情况，两人都用近乎耳语的声音传达了这个消息。梅莉萨哭了起来，之后勉强地说了一句：“我很抱歉。”莉兹则说道：“虽然我们无法决定他的死活，但我们可以帮他选择如何度过余生，我们希望与你们一同做些什么。”弗朗西斯科的母亲将头埋进手里，弗朗西斯科的父亲抱着她，对翻译说的每句话都用力地点头。

只要弗朗西斯科的父母愿意，团队就会停留在这儿。但没过多久，弗朗西斯科的父亲问，弗朗西斯科的内脏是不是真的坏死了。确实坏死了，但他的心脏还在跳动，不过是机器的缘故。莉兹问弗朗西斯科的父母，是否要等更多的家人到来后，再移除生命支持系统。弗朗西斯科的父母说，家里其他所有人都在工作，没人能来。莉兹说："那等你们想好之后，再来告诉我们。"离开前，每位医护人员都将手放在弗朗西斯科的父母身上。弗朗西斯科的父母留在外面，静静地坐在风中。重症加强护理病房的团队又重新回到医院，就地分散开了。

共情对医务人员的危害

重症加强护理病房的医护人员仿佛生活在一块棱镜中。每间病房都有同样的事情发生：婴儿出生，情况很糟糕。结果产生了一系列不同的现实，每一个都将身处其中的家庭团团包裹，而其他家庭无法接近。我无法理解弗朗西斯科的父亲经历的一切，就像一位从未进过重症加强护理病房的父亲无法理解我经历过的一切一样。不过，重症加强护理病房中患儿的父母确实会"分享"一些事情，比如疲惫和恐惧。正如护士萨曼莎所说的那样："这对他们来说，都是世界末日。"

当阿尔玛在这里住院时，我认为这里的医护人员无所不能。但事实上，他们和我们一样脆弱。通过几个步骤，他们可以将一个垂死的孩子转变为一个茁壮成长、前途未知的孩子。被他人的需求拉动后，他们在几秒钟内就跨越了巨大的情绪空间。

在这样的空间里，共情会带来诸多风险。一位研究医学共情数十年的心理学家曾写道："理解是种束缚，感受是种盲目。"[8] 他建议有爱心的专业人士采用他所说的“超然关怀”（detached concern）：一种伏尔甘式①的善意。根据肿瘤医师安东尼·巴克（Anthony Back）的说法，这不仅是一种应对机制，也应该成为行业标准：“在理想化的专业模型中，医生的感受无关紧要。”[9]

莉兹拒绝承认这一模型，她说：“对我来说，这不是一个令人满意的实践方式……作为一个个体，诚实坦率地说出患者对自己的影响会带来更多的意义。”莉兹目睹过几十个婴儿的逝去，每次她都会哭泣。

不过，这种情感投入也可能会令看护者陷入困境。护士萨曼莎曾花了 7 个月的时间来治疗一个刚出生就被遗弃的男婴。一开始她为他买衣服，即使不上班的时候也一直想着他。当他恢复得差不多，要被寄养家庭领养时，萨曼莎既为他感到高兴，同时又感到伤心。更糟糕的是，她发现自己不愿出现在其他患者面前。“我有点怨恨他们，因为他们不是我想要照顾的孩子。”她为自己的这种感觉感到羞愧，“这与我在医院应该做的恰恰相反。”但有一段时间，萨曼莎与一个孩子的关系曾压倒了其他一切。

即使他们可能会失败，过度的共情也可能会诱使护理人员采取英勇的救援措施，或者为了避免造成痛苦而粉饰坏消息[10]。重症加强护理病房的一位医生曾告诉我，他正在治疗的一个婴儿可能会死亡。多个专家团队已经暗示了这一点，但对孩子的父母来说，他们还不清楚，因此难以确知病情。医生说：“他们都是好人，所以不想告诉孩子的父母这样的坏消息。”

共情能力强的看护者可能会发展出类似创伤后应激障碍的症状，原因并不

---

① 伏尔甘是罗马神话中的火与工匠之神。他为诸神打造神器，是幕后的权力分配者。西方的大型企业或政界的掌权者往往都会供奉一尊伏尔甘雕像来祈求自身权力的稳定与持久。“伏尔甘式”在此意指高高在上的方式。——译者注

是来自他们自己的痛苦，而是来自患者的痛苦。在重症加强护理病房中，有 25% 的护士会报告患有“继发性创伤”[11]：失眠、病理性重现和疲惫，出现的频率大约是其他专科护士的两倍。继发性创伤往往会转换为倦怠，即普遍的疲惫和无意义感。重症加强护理病房中 1/3 的专业人员[12]会经历职业倦怠，这一比例远远高于其他医学科室。共情能力强的专业人士在这些问题上表现最明显[13]。与缺乏共情的同龄人相比，他们更容易抑郁，而当患者病情恶化或死亡时，他们也更有可能自责。

我看到了整个重症加强护理病房中的倦怠、疲劳和创伤。在病房中经历了一系列的丧失后，梅莉萨出现了抑郁和焦虑的症状。她回忆道：“回家后的大多数晚上，我会坐在沙发上不断地哭泣。”现在，她虽然感到自己更有韧性了，但仍然无法观看悲剧性的新闻。“除了这份工作，我还想到了世界上其他的苦难，我怎么能安心享受生活呢？”我问过一位护士，他是如何处理自身情绪的。他笑着回答：“我只是将它们压下去，直到它们变成健康问题。”几个月后，我在一家酒吧遇到另一位护士，问了她同样的问题，她指向了自己手中的酒杯。

刚开始接受培训时[14]，医护专业的学生在共情测试中的得分高于其他职业的学生。在很多方面，这是一件好事。与那些更为疏离的医护人员治疗的患者相比，共情能力强的医护人员治疗的患者[15]往往对所获得的照料更为满意，也更有可能听医嘱，康复得更快。但是，这些品质也可能会危害助人者自身的健康。这让共情能力强的专业人士陷入了两难境地。有些人继续将自己的精力倾注到工作中，但他们同时又冒着巨大的风险：精力耗竭、逃离，或二者兼而有之[16]。还有一些人干脆选择逃避。在培训早期，医学生具有超乎寻常的共情之心，但到了工作的第三年，他们的共情就比一般人少了[17]。这影响了他们治疗护理的效果。医生和护士会低估患者的痛苦，并倾向于将患者去人性化，将他们看得更像身体的某个部分，而不是一个整体[18, 19]。

事实上，断开与患者的联结可以帮助护理人员在工作中幸存下来。在一项研究中，研究人员告知医护人员一个绝症患者的故事，并要求他们猜测这位患者的感受。结果显示，将患者去人性化的医护人员会在工作中较少感到倦怠，但这种自我保护也是有代价的。患者能从共情能力强的医护人员那里受益，但会从冷漠的医护人员那里受到伤害。

医疗系统中存在着一个危险的循环：共情、耗竭和麻木，而且还在加速。在美国，由保险公司密切监控医疗成本的管理式医疗服务，导致医护人员的工作量迅速增加，并挤压了他们自己的时间。每次门诊时，初级保健医生与患者交谈的时间不到 15 分钟，而且通常在交谈的前 30 秒内就会打断对方[20]。2011—2014 年，医护人员的职业倦怠率攀升了 10%[21]。随着马拉松式的 24 小时轮班成为常态[22]，护理人员变得更为疲惫，更缺乏共情，也更不愿意倾听患者及其家属的谈话。

虽然重症加强护理病房的医护人员成功地扭转了这一趋势，找到了一种让患者的家庭感到被倾听的方法，但他们也承受着沉重的负担。

共情实践者
THE WAR FOR KINDNESS

关注共情对医护人员的伤害，既要避免他们在和痛苦长久的接触中变得冷漠麻木，也要避免他们的内心和情感走向崩溃。

自我关爱能让人免受共情疲劳的影响吗

后来，弗朗西斯科的父母决定，在弗朗西斯科的生命支持系统被移除时，他们不去现场。不过在重症加强护理病房，每个婴儿离去时都有人陪伴。这天，轮到柯里了。当护士将弗朗西斯科从机器中解放出来，等待他生命的终结之时，柯里正坐在双人座椅上。我们十几个人围着她和弗朗西斯科。大多数人都站着，莉兹坐在他们旁边，梅莉萨则跪在他们旁边。我感到我们就像文艺复兴时期画作中的悼念者，我们的身体朝向一个焦点。在我们的头顶上方，是一幅印有米老鼠的卡通图案，图案下面写着“弗朗西斯科”。莉兹闭上眼睛，将两根手指放在弗朗西斯科的额头上。随后，弗朗西斯科的呼吸机被关掉了，屋里一片沉默。

队员们反复检查以确保为弗朗西斯科注射了足够的吗啡[①]。莉兹和梅莉萨会时不时地检测到他的心跳，在他最后一次呼吸后，心跳依然持续了 20 多分钟。第 4 次检查时，梅莉萨抬头看了看时钟，此时，泪水沿着她的脸颊流了下来。之后，每个人都彼此拥抱。团队成员开始处理弗朗西斯科的遗体。

10 分钟后，我走到了街区外的一个小公园。环顾四周，阳光充足，透过树木，不远处，一位女士正推着一辆双轮婴儿车，一个蹒跚学步的孩子正努力地奔跑，然后跌倒在草丛之中……

在接下来的几天里，弗朗西斯科以不同的方式又“回到”了重症加强护理病房。梅莉萨很难接受他在手术中心率飙升的事实。他会感到疼痛吗？她无法确定，但她认为自己本可以有所作为。“我本应该是他更好的保护者……一想到他完全不知道发生了什么……”梅莉萨的声音越来越小。而弗朗西斯科去世时所在病房的另一位护士莫莉，则想到了弗朗西斯科的父母。“他们一无所有，而他是他们的宝贝。他们不想再见到他，也不想抱抱他。我能理解，但这的确更让人难以接受。”

---

① 吗啡是临床上常用的麻醉剂，有极强的镇痛作用，在此则用于帮助弗朗西斯科无痛苦地离去。——译者注

每个团队成员都以自己的方式来应对。莫莉喜欢长跑，她说："长跑能让你独处，帮助你在所看到的一切中找到平静。"梅莉萨则会在晚上紧紧地抱着儿子。莉兹在回家的路上会边听收音机边唱歌。有时到家后，莉兹会将车当成"绿洲"，独自在里面待上几分钟。"回到家后，我就是4个孩子的母亲，他们需要我当个好妈妈。对我而言，车上的这段'介于两者之间'的时间，是唯一一段从一个世界过渡到另一个世界的时间。"

这些是"自我照顾"（self-care）的不同形式，是重置自己情绪的实践方法。自我照顾当然不会造成伤害，而且在某些情况下，它可以保护照顾者免受倦怠和疲劳的影响[23]。但面对巨大的痛苦时，仅仅自我照顾可能还不够。有研究表明，常进行自我照顾的治疗师[24]和较少进行自我照顾的治疗师经受的继发性创伤一样多。虽然自我照顾的确有效，但身处压力巨大的工作环境中，如新生儿重症监护病房和急诊室，医护人员可能也没有时间或支持体系来使用它。

而且，依靠自我照顾来解决职业倦怠可能会让人忽视问题的严重程度。生病时，人们寻求专业人士的帮助是有原因的。医生不会让有内出血的人去洗泡泡浴，不会让手腕骨折的人去看搞笑电影，然后不了了之。当人们期待医护人员自己好起来的时候，人们实际上是希望那些真正陷入困境的人去"散步消食"。

当医护人员从他人那里得到帮助时，他们确实会受益。社会支持对医护人员的工作倦怠能起到缓冲作用[25]。但问题是，悲剧是孤立的，医护人员发现很难寻求帮助。

我就亲身经历过。在弗朗西斯科死后的48小时里，我见到了24位同事、几位朋友和家人。当他们问及我近况如何时，我在内心尖叫起来："弗朗西斯科昨天死了！”但我不忍心这么说。我去了重症加强护理病房，我的朋友都没有去。我不能将这个悲剧强加给他们。而对于他们的事情，比如某人的论文被拒，某人约会进行得很顺利，我却觉得微不足道。虽然这不是朋友的错，但弗朗西斯科使我对日常生活的兴趣消失殆尽。

重症加强护理病房的医护人员很少透露工作中的情况，即使是对他们自己的亲人。一名护士说：“他们在询问工作情况时会犹豫不决，即使知道了真实情况，他们也不知道如何应对。”这名护士还告诉我，“这里的工作也会让人很难认真地对待他人的经历。比如，有时我回到未婚夫身边，他告诉我遇到了一个棘手的市场营销问题，我会想，‘我不在乎。这无关紧要’。”而且，这些经历巨大痛苦的人，与其他行业的朋友往往联系较少。如果他人无法理解你的经历，你也不关心他们的经历，那交流还有什么意义呢？

重症加强护理病房的医护人员会互相支持，但几乎都是在空闲时，比如在上班时间的短暂休息时，或下班后一起喝酒时。每当有婴儿死亡，团队成员都会召开汇报会议。在弗朗西斯科的汇报会议上，莉兹提供了水果和酸奶作为早餐，大家都吃了很多甜甜圈。她说：“我们能够坐下来好好谈谈，并交流任何想要反思的东西。”我问梅莉萨，汇报会议是不是一个可以讨论感受的好地方。她回答说：“不太合适，因为大家讨论的大部分都是事务性的事情。我们会感谢人们做的好事，分享悲伤，但不会真正地谈论它如何影响我们的生活。”

重症加强护理病房能提供专业支持，但医护人员几乎从不使用它。在梅莉萨情绪最低落的时候，一位资深的医生问她想不想和社会工作者谈谈。“不用了，我现在还不需要。”她回答说，似乎这个建议让她感到自己的情绪耐力受到了质疑。梅莉萨将住院医生的实习期视为对自己勇气的考验：“这里有点像军队。人们只能依靠自己生活。”

有目的地共情，明智地体恤他人

这一状况最近开始发生变化。在巴尔的摩市的约翰斯·霍普金斯医院，医护人员在共情方面正变得越来越有目的性，开始寻找对抗倦怠及获得更好的相互支持的方法。而这一变革始于一场悲剧。

在18个月大时，乔茜·金（Josie King）[26]被人唤作“破坏球”（Wrecking Ball）。她高兴地扔掉盒子，并将衣柜里的衣服扔得到处都是，边走路边蹦跳。2001年1月，她偷偷离开父母，试图自己洗澡，结果被严重烫伤。之后，她被紧急送往约翰斯·霍普金斯医院，在重症监护病房接受了治疗。她的病情稳步好转以后，兄弟姐妹吹起气球，做好彩色卡片准备迎接她回家。然而在毫无预兆的情况下，乔茜突然心脏骤停，不到24小时，她就走了。

乔茜的死给家人留下了深深的创伤，随着时间的流逝，乔茜家人的悲伤中开始夹杂愤怒。在乔茜生命的最后几天，约翰斯·霍普金斯医院的医护人员犯了一系列的错误，使乔茜面临感染和脱水的风险，这也是导致乔茜最终死亡的原因。后来，医院与乔茜的家人达成协议，但乔茜的母亲索雷尔仍然幻想着复仇。她在日记中写道：“他们必须得受苦，他们必须得感受我们所受之苦。”

索雷尔还想到了自己欠女儿的东西。她写道：“我想为你做一些伟大的事情，请你帮我弄清楚原因为何。”索雷尔和她的丈夫希望通过乔茜的死来帮助其他孩子。令人震惊的是，他们将部分财产捐给了约翰斯·霍普金斯医院，以建立“乔茜·金患者安全计划”。多年来，约翰斯·霍普金斯医院进行了彻底的改革，以防类似的错误再次发生[27]。医院的许多新标准在全美范围内流行开来，拯救了无数人的生命。

大约在同一时间，约翰斯·霍普金斯医院健康政策与管理专业的教授阿尔伯特·吴（Albert Wu）对医疗失误产生了另一种看法。像乔茜这样的病例的确会让家庭陷入绝望，但护理人员又如何呢？阿尔伯特采访了医院的医护人员[28]，询问他们过去所犯的错误。他发现，很多人都有创伤后应激障碍的症状。他意识到，医院里到处都是“受害者”。但与患者及其家人不同的是，医护人员不允许自己寻求帮助，他们认为说出自己的感受是自我放纵的表现，这种行为会制造更多的痛苦。

阿尔伯特认识到了围绕错误产生的脆弱和沉默的危险结合。他写道：“我们中间那些最深思熟虑、最敏感的同事，最容易受到自己所犯失误的伤害。”但事实比他想象的还要糟糕。在一项研究中，住院医生每三个月完成一次调查，为期一年，描述他们所犯的医疗失误以及他们的生活和工作质量。结果发现，住院医生犯了一次错误后[29]，他们的工作倦怠感会急剧上升，抑郁风险会增加两倍以上，对患者的共情也会降低。

2011 年，阿尔伯特在约翰斯·霍普金斯医院做了一场关于医疗失误的演讲。当他提到乔茜时，两位女性走了出去。后来他才知道，她们曾经治疗过乔茜。10 年了，医院从来没有询问过她们的经历。这是一个明显的失误，是可以补救的。阿尔伯特和他的同事认为，医护人员之间的社会支持不应该局限于走廊里和欢乐时期，应该成为工作中不可或缺的一部分。后来，他们创造了“压力事件中的心理韧性”（Resilience in Stressful Events，RISE）这一模式，它是一个全院范围内同辈群体间的共情网络。

阿尔伯特的团队确定了群体中的“黏合剂”成员，他将这些人描述为“明智且体恤他人的人，不会评判同事”。团队用一种被称为“心理急救”的咨询方法进行训练，这种方法在灾难发生后最常用[30]。通常，地震或恐怖袭击的受害者和目击者体内会产生大量的应激激素，这会导致他们认为自己所处的世界摇摆不定：某一刻，他们过于专注；下一刻，他们又感觉什么都不真实。“不良事件”，如医疗失误或突然死亡，也会以类似的方式影响医护人员。阿尔伯特解释说：“他们会告诉你患者穿什么，他们自己穿什么，天气怎么样，房间的墙壁是什么颜色等。”

这些感觉会烙进“闪光灯”记忆，这是一种危险的思维反刍①类型。当受害者回忆起创伤经历时，他们在当时那一刻感受到的恐惧和不安会再次涌上心头。心理急救试图通过在灾难发生后立即为受害者提供安全感的方式来缩短这一过程。约翰斯·霍普金斯医院的任何员工可以在任何时候拨打 RISE 服务热线，咨询师会在 30 分钟内尽快回复，通常在 10 分钟内。咨询师在倾听和提问时并不做评判，有时还会安排相应的工作人员提供进一步的帮助。

2011 年，RISE 开设了虚拟门户网站，但几乎无人访问。第一年，他们每月最多能接到一个电话。医生尤其不愿表露自己的脆弱。好在“僵硬”的文化后来开始慢慢转变：打电话的人渐渐多起来，主要来自出现医疗失误的医生或认为患者本可以活下来却去世的医生。很快，医疗团队开始集体拨打电话。如今，RISE 每周都为约翰斯·霍普金斯医院的 100 多名员工提供咨询服务。

RISE 给予医护人员一种来自同辈的专注而少量的共情，但效果却相当不错。阿尔伯特和他的团队发现，在遭遇逆境之后，使用 RISE 的护士比不使用的护士更少会休假或离职[31]。RISE 重新赋予医务人员本可能令他们感到耗竭的关爱之心，以保护他们的情感生活。RISE 这样的项目并不能解决所有的问题，也绝不会消除约翰斯·霍普金斯医院员工的所有倦怠和疲劳，但它至少有助于防止医护人员陷入困境而未被注意。

阿尔伯特后来又与马里兰州的所有医院和得克萨斯州，以及其他国家如荷

---

① 思维反刍指的是重复被动地思考，如强迫思考或反省深思，通常是消极的想法。——编者注

兰和日本的医院进行沟通，希望将 RISE 推广开来。这是个好消息，但也显示出许多人得到的社会支持多么少。在更多超负荷工作的环境中，如条件较差的医院或公立学校，专业人士寻求支持的时间可能更少。那些凭一己之力关心他人的人，如阿尔茨海默病患者的配偶、脑瘫孩子的父亲、双相情感障碍患者最好的朋友，可能不知道去哪里寻求帮助。即使他们找到了一个可以提供支持的社群，还需要有勇气请求支持。

要共情关怀，不要共情忧伤

伊芙·埃克曼（Eve Ekman）是加州大学旧金山分校奥舍整合医学中心（Osher Center for Integrative Medicine）的研究员，正在开辟一个帮助医生调整共情的项目。她开始这项工作纯属偶然。10 年前，伊芙还是一名社会工作者，在旧金山一家医院的急诊室上夜班。这是一项令人精疲力竭的工作，但伊芙从艺术和大自然中找到了慰藉。她说："我看到了难以承受的痛苦，于是总会努力用美来平衡。"她知道医院正通过共情训练来缓解医生的压力，认为这会有效果。她想：如果想放松一下，就去喝杯啤酒吧。2006 年，她的父亲、心理学家保罗·埃克曼（Paul Ekman）与一位学者达成一致，共同主持一个名为"培养情感平衡"的教师培训项目。但就在项目开始前，她的父亲保罗病倒了，伊芙同意替他代劳，这无意中改变了她的生活。

从前面的章节中，我们认识到了全心投入的医护人员承受的负担。而当他们转而以疏离的关怀为目标，忽视自我感受时，新的风险又出现了。专业医护人员确实会有这样的感觉，用安东尼·巴克的话说，"未经审视的情绪"[32] 会以有害的方式突然出现。忽视自我感受的医生做出的诊断不太准确，且更有可能将沮丧发泄在患者身上。未经审视的情绪也会影响医护人员的生活，使他们更容易失眠，也更容易与家人发生冲突或酗酒。

好消息是，医护人员可以与自身的情绪合作，而不是对抗。巴克鼓励他们将注意力转向内心，像诊断患者的病情一样诊断自己的情绪。当护士遇到一个与自己的女儿年龄相仿的白血病患者时，她可能会感受到巨大的悲伤，此时，她应该留意那些压倒自己的迹象。要做到这一点，医护人员必须准确地调整自己对患者的感受。心理学家将这种能力称为“情绪粒度”（emotional granularity）[33]，在这方面，一些人比其他人做得更好。在一项研究中，研究人员要求被试写两周的日记。每天，他们都会回忆自己经历的最强烈的情感体验：这些体验让他们感到多么快乐、开心或愉悦，又有多么紧张、愤怒或悲伤。

有些人的内心对情绪很敏感，如与伴侣吵架会让他们很生气，有些羞愧，还有些悲伤。另一些人则会对自身的情绪进行整体体验，例如，当某天感觉不太好的时候，他们只是觉得糟糕而已；他们会将所有的负面情绪汇集在一起。那些能够准确定位自己感受的人[34]可以更轻松地控制自己，并从困境中恢复过来。通过了解自己的情绪，他们可以改变情绪，就像一个手拿详细地图的人可以找到走出森林的道路一样。情绪粒度高的人[35]在其他方面也会获益。例如，与情感生活更迟钝的人相比，他们酗酒、参与暴力、罹患抑郁症或伤害自己的可能性更低。

科学家曾以看待共情的方式来看待情绪粒度，并将其看作一种特质：人要么拥有，要么不拥有。但新的证据表明，人们可以学会识别自己的情绪感受。在某个研究项目中，研究人员教给学生一组精确描述情绪状态的单词[36]，然后帮助他们反思自己的感受。通过该项目检验的学生被老师评为更友善、更冷静，他们的成绩也有所提高。

保罗·埃克曼在他的职业生涯中绘制出了愤怒、恐惧、惊讶和其他情绪的特征，而他的作品使他成为心理学界的巨人，同时也影响了流行文化：电影

《头脑特工队》（*Inside Out*）和电视节目《别对我撒谎》（*Lie to Me*）都是基于他的思想制作的。这也意味着，他的女儿伊芙成长在一个对感受高度敏感的家庭。在急诊室，伊芙注意到同事在共情方式上的不同：有些人共情过度，变得愤世嫉俗，精疲力竭；有些人则几乎不为所动。伊芙想：他们在疏离与悲痛之间找到了一种平衡，我们能不能像他们一样呢？

在接替父亲进行情绪与正念训练后没几天，伊芙就得到了答案。她意识到这些练习远远超出了放松的范围：它们是调节情感生活的一项古老的技术。在有些人看来，同情意味着关心他人而不承担痛苦。伊芙说："这种分离很合理，但如果分离太过了，就成了'是那个人的问题，而不是我的问题'；而如果这种分离没有发生，我们就会与周围的苦难过度共情。"

此外，心理学家也对共情痛苦（empathic distress）与共情关怀（empathic concern）做了类似的区分。共情痛苦是情绪共情的一种表现形式：通过替代性地承担他人的痛苦来感受他人的情绪。共情关怀则意味着因他人产生情绪，并想要改善他人的生活。共情痛苦和共情关怀就像一枚硬币的两面：如果他人的痛苦伤害了你，你完全有理由帮助他们，以便让其感受好一些，但不需要与其共同经历痛苦。二者之间只存在微弱的联系[37]：一个经历过深度痛苦的人不一定会对他人产生深度关怀，反之亦然。

这两种不同的状态也会激发不同的行动[38]。容易共情痛苦的人会逃避他人的痛苦，如拒绝做志愿者，因为这将导致他们自身处于情绪化的状态之中。倾向于共情关怀的人则不会如此。在一项研究中，大学生读到一个悲惨的事故，事故发生在一个同龄人身上，然后研究人员分别对他们的共情痛苦和共情关怀的程度进行了评估。之后，他们将有机会帮助受害者。研究人员进行了这样的设计，以便一些学生能够很容易地选择不提供帮助，因为他们永远不会面对受害者本人，而其他学生则不能。结果显示，那些经历过共情痛苦的人在别无选择时会提供帮助，在可能的情况下则会选择逃离；而在这两种情况下，经历过共情关怀的人都会选择提供帮助。

对照顾他人的职业人员来说，了解这些状态之间的差异至关重要。共情痛苦会促使人们逃避他人的痛苦，但照顾者如果不放弃自己的岗位，就无法做到这一点。这会给他们带来沉重的心理负担。事实上，在不同类型的共情中，医生、护士和社会工作者只有经历共情痛苦之后，才会产生职业倦怠[39]。共情关怀则提供了一种与患者进行情感交流的方式，而不用担负患者的痛苦，这使得倾向于共情关怀而非共情痛苦的医护人员更不容易遭受共情性伤害。**换句话说，共情并不一定会导致职业倦怠的产生，相反，经历合适的共情或许还会预防倦怠的出现。**

有一天，我问莉兹，对于在重症加强护理病房目睹的种种苦难，她是否曾对自己坚持下去的能力有过怀疑。她回答道："我没有怀疑过，这就是我从事这一行的原因。我喜欢照顾危难中的人。"当然，她指的不是从冰激凌中得到的欢乐，而是更深层次的东西：帮助家庭度过最艰难时刻的能力。莉兹是一个精神力量强大的人，她认为那些时刻"优雅而美丽"。

莉兹曾告诉我："所有这些情境都有其目的和意义。"与她共度一段时光后，我清楚地意识到，她有一个与共情关怀密切相关的高共情基准点。多年来，这一点使她既帮助了那些家庭，也保持了自己的乐观[40]。

有天赋的人常常很难想象缺乏天赋的人的情况，就像数学家可能不明白那些不理解复杂方程的人的感觉。我不清楚莉兹是否知道，如果没有她那顽强的毅力，这项工作将会多么艰难。她告诉我："直到最近我才意识到，并不是每个人都有这种特质。"

如果接受罗登贝瑞假说，那么拥有像莉兹一样的共情特质的人，或者更确切地说，具有一系列相应特质的人，就是为照顾他人的职业而生的，而其他人则应该找其他的工作。但就像人们可以从整体上提升或降低共情一样，人们也可以提升自己的共情能力。没有莉兹一样的基准点的人，可能需要他人的帮助来应对紧张的情况，以便使自己免于精疲力竭，也可以通过改变照顾方式来帮助自己。

正如前文所述，神经学家塔妮娅·辛格和她的团队通过一系列练习来帮助人们建立共情，他们还利用这些练习促使人们产生特定类型的共情。

重症加强护理病房中的一些成员正通过共情训练来减少痛苦。正如一位护士描述的那样："当你与某个家庭进行紧张的交谈时，你会想到自己有所依靠。而这么做会避免让你陷入不良的循环中，在这个循环中，你承担着他们所有的情绪。这种做法会将你与他们分开一些。"她还用自己的祈祷语对练习进行了补充："这不是我的悲剧。"

研究人员现在正系统地测试共情训练对医护人员的影响。在大约十几项研究中，完成了基于共情训练项目的医护人员感到疲惫和痛苦减少了。在某些情况下，他们同时在实践中报告了更多的共情。伊芙正将这些要点联系起来[41]。她认为，通过共情关怀，医护人员可以在联结他人与保护自我之间取得微妙的平衡。在伊芙的工作室里，住院医生练习放弃无益的共情，这种共情可能会创造出一种拯救患者的英雄般的需求，但如果他们做不到，就会产生羞愧。虽然伊芙现在只评估自己项目的效果，但新证据表明这个方向的前景很好[42]。在最近的一项研究中，践行了与此类似的项目的医学生报告说，他们对患者更为关心了，自己也更少抑郁了。

重新定位自己的角色，以最有效的方式利用共情

实际上，一些培养共情的方法，比如与群外人接触，有着几十年研究证据的支持。不过，旨在调整共情的工作则要新得多。这在一定程度上反映了问题的本质。仇恨、冷酷和去人性化是社会中的紧急情况，好人自然想要立即与之斗争。过度共情则不是一个明显的问题，而且在某些情况下，它还受人推崇。自我牺牲的父母和过度劳累的医护人员会将倦怠当作一种荣誉勋章。一位社会工作者曾告诉我，她是被“苦难的浪漫”吸引而从事自己的职业的。不过，将这一点与新兵训练营般艰难的关怀工作结合，你最终会患上一种潜在的流行病。

医护人员和心理学家逐渐意识到，他们能够、也必须以更有效的方式运用共情。现在，人们仍然不知道共情的哪种组成部分会起作用，何时会起作用，对哪些人会起作用。即使是最有效的技术，也可能无法帮助医护人员摆脱忙碌而缺乏人情味的医疗系统，不过，这也的确是一个新兴的研究领域，每年都会有新答案出现。考虑到我们是多么迫切地需要它们，这不能不说是个好消息。

在最深的层面上，要实施可持续的、全方位的关怀需要专业人士重新定义自己的角色。例如，成为一名医护人员意味着什么？对许多人来说，这意味着勇敢地介入，将他人从疾病中拯救出来，并让他们回到安全的地方。医护人员是人们在战胜疾病和死亡的战斗中选拔出的斗士，重症加强护理病房的工作人员满怀热情地扮演着这一角色。在美国，重症加强护理病房正迅猛发展；多年来，极早产儿的存活率稳步上升[43]。假如阿尔玛与我同年出生，她很可能活不下去。莉兹告诉我：“在最艰难的时刻，你可以发挥最大的作用。”重症加强护理病房是我去过的最悲伤的地方之一，但也是一个奇迹诞生之地。

然而，那些认为自己的工作就是挑战死亡的医护人员[44]，注定会让自己和

患者遭受失败。人们不一定要这样做。正如安东尼·巴克曾告诉我的："死亡，可以且应该成为医学的一部分。"对医护人员来说，这是一个帮助患者的机会：不是通过否认死亡，而是通过肯定生命。很多人都可以借鉴这种方法。当人们对减轻某人的痛苦或挣扎感到无能为力的时候，共情会让人们感到内疚和羞愧。电视上、网络上和现实生活中不断出现的苦难可能会让人难以忍受，尤其是当人们似乎无法做出改变时，而解决问题并不是表现共情的唯一方式。

在弗朗西斯科去世后的第二天，莉兹做了感恩祷告。她很自豪，团队成员已经为弗朗西斯科做了他们能做的一切，并以勇敢和善良面对了最终的结局。"我们谈论了很多关于'好的死亡'和'坏的死亡'的事情。"

大学期间，梅莉萨曾在一家临终关怀中心做过志愿者。这份工作让她选择进入重症加强护理病房工作，来治疗幼小的婴儿，而不是年高的老人，但这份工作仍然处于生死之间。梅莉萨告诉我："在那些时刻，我感受到了太多的亲密和人性。"她还说，与濒死儿童的家人在一起是一种"特权"，除了她，至少还有 3 名护士也曾这样说。

当医生、护士和社会工作者设法与这些家庭在一起，倾听、解释，甚至在他们身边哭泣时，他们给了这些家庭一些无可替代的东西。如果他们能以一种维持而非消耗自己的方式来做这件事，他们能将这份礼物送给更多的人。

共情实践者

THE WAR FOR KINDNESS

帮助医护人员重新定位自己的角色，如操起手术刀的医护人员是与疾病和死亡作斗争的战士，重症加强护理病房、临终关怀中心的工作人员则是患者饱含温情的关怀者，让他们以维持而非消耗自己的方式工作，以发挥他们真正的作用。

THE WAR FOR KINDNESS

第 6 章

建立善意反馈系统，让组织良性发展

观点直击

- 人会遵守感知到的规范，经常高估极端立场的普遍程度。
- 共情会带来善意循环，积极的和共情性的规范会不断传播开来。
- 人会优先与群内人共情，这往往会超越个人的整体共情，尤其是在群体之间存在冲突时。
- 社会和情绪学习能给人带来诸多裨益，学习时间越早越好。
- 共情训练有助于改善课堂效果。

心理学家丹尼尔·巴特森给神学院的学生逐个施加压力，让他们的共情能力骤然下降；我和我的同事挨个单独说服每个人，让他们相信自己的共情能力是可以培养的，结果他们确实做到了；托尼一次为一个仇恨团体成员提供咨询；雷蒙德·马尔研究小说如何帮助人们相互理解，一次只帮助一名读者。

许多类似的“助推”都是在严格控制的环境中建立共情的，比如在实验室或在咨询活动中。但我们并非生活在真空中，而是一个更大的世界的一部分，受各种社会规范的制约，如所在社区和所属机构共有的信念、态度和习俗。社会规范以各种各样的方式影响着我们[1]。当他人与自己更加相似时，人们会发觉食物更美味，对方的脸更有吸引力，听到的歌曲更吸引人。在得知他人的投票或弃权情况后，人们也更有可能像他人一样投票或弃权。此外，丑闻会在多大程度上激怒人，政治候选人会在多大程度上鼓舞人，气候变化会在多大程度上吓到人，都取决于周围人的感受。

人们会模仿他人的行为和想法，或者至少是人们认为的他人的想法。问题是，人们经常犯错，因为极端的声音往往占据主导地位，并且可能会被误认为是多数人的想法。心理学家曾在普林斯顿大学新生入学几周后对学生进行了一次采访[2]，在第二年春天又进行了一次采访。他们问了两个问题：你有多喜欢狂饮？一般来说，你认为普林斯顿大学新生有多喜欢狂饮？在秋季入学时，学生对此反应较为冷淡，但他们认为，平均而言，新生会比自己更喜欢狂饮。这肯定是有问题的，因为根据定义，实际的平均值是根据每个学生的观点汇总、再进行平均而得出的。新生可能会用同样的方式看待同辈群体的业余生活，认为多数人都在寻欢作乐，而不是认真学习。也就是说，吵闹的、不同寻常的意见将安静的大多数人“挤”到角落，学生们想象出一名“普通”学生，这名学生沉迷于各种派对。到了第二年春季，新生的报告显示，他们比上一年秋季入学时更喜欢狂饮。就这样，他们发明了一种规范，然后臣服于它。

用从众心理激发善意

实际上，许多最强大的文化潮流都与共情背道而驰。例如，众所周知，成功需要竞争，有时甚至需要残酷的行为。正如戈登·盖柯（Gordon Gekko）在电影《华尔街》（*Wall Street*）中所说：“贪欲澄清、打破并抓住了进化精神的本质。”这与达尔文对善良的担忧是一致的：停下来帮助他人的人，没有时间去革新，将不可避免地落后。但正如我们所看到的，这是一个谬论。**事实上，共情能力强的人在许多方面更有可能取得成功。**只不过，目前流行的社会规范未能让人们洞察到这一点。

在人们所处的两极化时代，规范比关怀的影响更大。与校园狂饮一样，电视新闻和社交媒体中的极端声音也占据了主导地位[3]。这些声音常常充满门户之见，却吸引了非常多的关注，以至于很容易将它们与多数人的意见混淆。权威人士劝告人们，另一方的存在就是威胁；妥协甚至倾听群外人的声音是一种背叛行为。人们遵循着这种想象出来的规范，使得自己坚持与他人共情变得更加困难。

一名仇恨组织的成员可能会受到托尼的鼓舞，但很快就会被那些鼓励他重新加入种族战争的人包围。一名曾经的囚犯可能会在海明威的小说中找到希望，然后去参加工作面试，但在那旦他有可能再次犯罪。流行的信念对人们的影响就像地心引力一般：有时，人们可以暂时摆脱它们，但更多时候，人们不得不被拉回来。

不过，有些规范也会鼓励共情，其中一些正获得支持。当极端的声音要求人们承认彼此的经历时，许多道德革命就由此开始了[4]。例如，美国的奴隶制曾持续了几百年，直到人们团结起来将其废除。2017 年秋天，《纽约时报》和《纽约客》报道了哈维·韦恩斯坦（Harvey Weinstein）的性骚扰罪行和性侵犯历史，让人们尤其是男性重新意识到了女性承受的恐惧和痛苦。短短几个月内，许多相关的演员就丢掉了合同，许多教授被禁止进入校园，亚拉巴马州选出了 25 年来第一位民主党议员……这一切都源于人们决定不再容忍这一罪行。

共情实验室 THE WAR FOR KINDNESS

从众的名声向来不好，但在某些情况下，它却推动了社会变革。实验室研究发现，从众可以激发人们的善意行为，如为慈善事业捐款或者反对偏见。人们也能通过从众捕捉到人与人之间存在的共情[5]。在我进行的一系列实验中，我请被试阅读无家可归者努力挣扎的故事，然后向他们展示其他人在阅读故事后的反应。事实上，这些反应是我们自己编造的。被试中有一半人将获知他们生活在一个充满关爱的世界里，其他人对无家可归者产生了很强的共情；另一半人则会了解到他们生活在一个冷酷无情的世界里，其他人对无家可归者完全漠不关心。结果发现，被试会效仿他人：如果其他人与无家可归者产生共情，他们自己也会产生更多共情；他们

> 会在这种影响下付诸行动，当有机会为当地无家可归者的收容所捐款时，他们会比那些认为自己的同伴不受影响的人捐得更多。
>
> 在这项研究中，我在实验室里凭空创造出了共情和非共情的规范，而被试也遵守了这些规范。在实验室外，则不需要编造任何东西。在我们周围，有人善良，有人残忍；有人生活幸福，有人终日痛苦。通过关注积极的一面，我们可以利用从众的力量来促使人们做出积极或善意的行为。

在校园内记录饮酒规范的研究人员就是这样做的。在一项较新的研究中，他们让新生参与小组讨论，学生才发现同龄人并不像想象中那样喜欢狂饮。仅仅向他们展示这一实际情况，就降低了接下来一年学生们的饮酒量[6]。

那些积极共情的群体的态度也是如此。无论是民事机构的纲领、人力资源指南，还是行为准则，都是一种合同形式的规范：尊重彼此的经验并将拒绝这样做的人排除在外。共情是个人的，也是集体的。强调善意的组织必将得到蓬勃发展。例如，2012 年，谷歌发现公司中最成功的团队都是不同寻常的“以人为本”的团队[7]，这些团队都由相互感受、彼此支持的个体组成。一些公司还鼓励员工留出时间来帮助同事[8]，并在招聘和晋升时考虑员工的慷慨程度。

任何组织，无论是公共的还是私人的，大的还是小的，正式的还是松散的，都可以朝这个方向发展。在这个竞争激烈的世界里，我们不仅仅是为了共情而奋斗的个体，也是社区、家庭、团队、公司、城市及国家的一分子，可以将善良融入文化之中，将其变成人们的首选。我们不仅要对规范做出反应，还要创造它们。

共情实践者
THE WAR FOR KINDNESS

善于利用从众的力量，只要让人们认识到他人都是善于共情的人，人们就会更愿意做出积极且善良的行为。因此，无论是在家庭、社区、团队、组织还是社会中，都要关注并宣传积极的一面，让人们感受到他人的善意。

战士心态下的美国警察

苏·拉赫尔是家中 7 个孩子中唯一的女孩，她从不害怕争斗。在西雅图附近的金县警察局首次巡逻时，她被叫去处理一件醉汉骚扰顾客的事件。“我告诉他，‘听着，你的选择是，要么坐牢，要么戒毒，睡一觉就好了，这样大家都很开心……’”话还没说完，醉汉就给了拉赫尔一拳。“我当时的反应不是在警察学院学到的东西，而是从我兄弟那里学到的东西。我抓住他的头发，把他拉到地上，当他往下倒时，我踢了他的裆部。”

扭打了大约一分钟，拉赫尔才设法将醉汉铐了起来，在这个过程中，拉赫尔的指关节刮伤了。“我一点儿也没有感觉到疼痛，因为我对战斗感到非常兴奋。我的上司尖叫着冲到现场，描述了当时的情景：‘你站在那里，脸上带着灿烂的笑容，手还在滴血。’”那天晚上，拉赫尔对丈夫说：“现在我明白为什么男孩子喜欢打架了，因为很有趣！”

在从事警察这份工作的过程中，拉赫尔还运用了从她兄弟那里学到的其他技能。“和他们一起长大，我必须学会调遣、智取和影响他人。”在金县，新警员上岗后的前三个月都是与一名外勤训练主管一起度过的，外勤训练主管负责确保他们能够顺利履行职责，包括战斗。那段时间，在这场迷你战斗之前，拉赫尔是唯一一名不必使用武力的警察。

现在，拉赫尔负责整个华盛顿州的警察培训工作。在6年多的时间里，她建立了一个对警察抱有新期待的新体系，希望能将共情带回这一职业之中。

现代警务的历史之短，令人吃惊[9]。两个世纪之前，即便是在伦敦，东拼西凑的力量也能解决争端、惩治犯罪。而到19世纪20年代，伦敦需要更有组织的执法机构，但许多市民并不同意，因为他们认为，军队将会在街道上肆意践踏，并准备剥夺人们的自由。减轻市民恐惧的任务落到了英国内政大臣罗伯特·皮尔（Robert Peel）的肩上。皮尔是一位才华横溢的学者，也是一位精明的政治家，他后来担任了两届英国首相。皮尔认识到，只有得到市民的合作并激发他们的信任，警察力量才能建立起来。

1829年，皮尔提出了《都市警察法》（*Metropolitan Police Act*），要求建立一支由数百名警察组成的警队。警察的生活受到限制，他们每周工作7天，不能参与投票表决，必须在得到批准后才能结婚，甚至得与市民共进晚餐。即使是下班后，他们也要穿着制服——深蓝色的燕尾服和高顶帽子，以向市民保证自己没有监视市民。随着该法案的实施，皮尔提出了一种如今看来像是理想主义幻象的警务愿景。他写道：“警察的权力，取决于公众对他们的存在、行动和行为的认可。”他要求警察“只有在说服、建议和警告无效的情况下才能使用武力”。他写过的最著名的一句话是：“警察即民众，民众即警察。”

当警察制度“穿越”大西洋来到美国时，皮尔的思考也随之而来。在美国，警察通常居住在各自巡逻的社区，他们不仅逮捕盗贼，也经营救济站，还帮助移民找工作。他们获得的奖励不是基于逮捕的罪犯数量，而是基于确保社区有序运行的能力[10]。到了20世纪，警察变得越来越疏远，越来越专业，但他们仍然坚持将合作当成工作的核心。全美各地的警察都承诺，他们将致力于“社区治安”：这是一种模糊但温暖的理念，他们在这里参加篮球比赛，也在这里参加糕饼义卖活动。

近几十年来，这些理想受到了侵蚀，从某种程度上来说是由于暴力升级。随着毒品贸易的发展，犯罪分子积累了大量武器装备，在某些情况下，他们的装备甚至比警察还好。1965 年，洛杉矶的一次常规交通站点停运引发了为期 6 天的骚乱，导致 34 人死亡，1 000 多人受伤。第二年，查尔斯·惠特曼（Charles Whitman）带着 8 支枪和 700 发子弹来到得克萨斯大学钟楼的顶端。在接下来的一个半小时里，他射击了 44 人，最终导致 13 人死亡。

许多人觉得美国的街道正在变成交战地带。到了 20 世纪 70 年代，每周约有 2 名警察在执行任务时被枪杀。与此同时，警察创建了自己的部队：特种武器与战术部队。该部队仅在极端情况下出动，如武装抢劫银行，但其出动频率一直在飙升：1980 年，特种武器与战术部队出动了大约 3 000 次；而到了 1995 年，虽然犯罪率保持稳定，但这一数字已上升到了 30 000 次。1996 年，时任美国总统克林顿签署了当年的《国防授权法案》（*National Defense Authorization Act*）。该法案包括 1 000 多个项目，警察部门可以根据某个项目向国防部索取更多的装备。到了 2014 年，价值超过 40 亿美元的装备流入警察部门。美国警察进入了装甲车、哑光黑防弹衣和突击步枪的时代。

伴随着装备的发展，一种新的理念在美国警察心中扎下了根："战士心态"，它鼓励警察将自己视为身处危险社区的战士。这种理念迅速传播开来，吸引了许多人。它鼓舞了警察的士气，让他们敢于冒险；也让警察团结起来，像士兵一样对抗共同的敌人。但同时，这一理念也让警察将每个非警界人士都视为威胁。全美各地的警察都习惯性地认为各个角落都可能有危险。2014 年，媒体获得了新墨西哥州警察培训机构的课程材料[11]。这些材料显示，学员在每一次例行交通停车时，都应该"始终假设违规者和车内所有人都持有武器"。

没有人比戴夫·格罗斯曼（Dave Grossman）更能概括战士哲学了，他是美国最有经验的警察培训师。格罗斯曼每年都会向新老警察和"武装公民"团体提供多达200次的“防弹战士”研讨会——一种狂热的、长达6小时的研讨会。他不停地出现在全美各地，将美国描绘成一个充满暴力的狂热之地。他曾说：“警察的死亡数量迅猛增加，这是前所未见的。”好像每个听众后背上都有一个靶子。事实上，情况正好相反：20世纪70年代服役的警察在执行任务时被杀的可能性是近10年的2倍多。[12]

格罗斯曼认为，警察在这个可怕的世界上生存的唯一方法就是让自己变得可怕，需要随时准备使用致命武力。他平息了听众对法律后果的担忧：“不要害怕被起诉，每个人都会被起诉。这只不过是一个加班的机会。”他警告听众，如果不做好杀死凶手的准备，被害人的血就会留在他们的手上。格罗斯曼提到：75%的警察在整个职业生涯中从来没有开枪射击过，但他们仍然要在学院花几百个小时练习射击。

战士心态将警察置于心理火药桶中。警察们开始相信，他们唯一的选择就是支配民众，而不是听从他们。塞思·斯托顿（Seth Stoughton）是一名法学教授，曾是一名警官，他描述了这种束缚：“如果我担心自己有去无回，我就不会在乎是否冒犯别人。无论我的行为会给他们带来怎样的情感打击，我都会觉得自己的生命比其他东西更重要。”

恐惧和焦虑也会使得暴力更有可能发生。心理学家通过一种无人监督的电子游戏已经证明了这一点。在该游戏中，玩家可以看到屏幕上的场景，如校园、街角和公园。在人们中间，有一名黑人或白人，拿着电话或枪。如果这个人拿着枪，玩家需要按一个键“射击”他；而如果他拿着电话，玩家则要按另一个键表示不开枪。在压力下，人们通常会更容易变得激动，也更容易产生种族偏见[13]。

处于战士心态下的警察粉碎了皮尔的原则，个别警察也因此必须违心行事。例如，年轻的、抱有理想主义的警察可能想要帮助民众，但在这种战士文化中，这种态度会被视为危险与天真，继而会遭到嘲笑。警察培训师会警告新入职的同事，不管是否愿意相信，实际上周围都是罪犯。因此新警员最终很可能会改变自己以适应周围的文化氛围。

几十年来，美国警察比以前更安全了，但与他们接触却更加危险了。2017 年，美国每天有近 5 名平民被警察杀害，这是 2000 年的 2 倍多[14]。种种记录显示，这种暴力比以往任何时候都更加明显。美国人一次又一次地看到手无寸铁的公民死在警察手中。而这导致美国公众对法律执行以及更广泛的种族关系的信心降到了 20 年来的最低点[15]。

大多数警察只是想做好本职工作，然后回家，大多数民众也是如此。但是，警察和他们发誓要保护的社区之间的距离似乎从未像现在这样遥远。

带着公平和尊严倾听并解释

拉赫尔在金县警察局已经工作了 33 年。她在各个部门都任过职，从性犯罪到帮派暴力都有参与，但她的思想形成来源于内部调查。她遇到了几十起警察渎职的案件，后来她发现，很难相信每名犯罪警察都是堕落的坏人。许多人从一种支离破碎的文化中发展出了直觉本能。“我想，与其关注害群之马，不如思考改变环境。”2012 年，拉赫尔出任华盛顿州刑事司法培训委员会（Criminal Justice Training Commission，CJTC）执行主管。该州的每一位执法人员都要通过该委员会的培训，到目前为止，已有 3 000 多人在拉赫尔的指导下接受了培训。

CJTC 位于华盛顿州布里恩市（Burien），周围被树林环绕，很容易让人想起大学校园。CJTC 的墙上贴着每一个培训班的照片。1a 班起始于 1938 年，从照片上看，该班的学生看起来就像电影《卡萨布兰卡》（*Casablanca*）里的亨弗莱·鲍嘉（Humphrey Bogart）①。而在1979年拍摄的114班的照片中，拉赫尔看起来有点不适。在我访问CJTC后的那个星期，735班即将毕业。普通警察在CJTC会经历19周的培训，而狱警则会经历4周的培训。这种培训很残酷。一位主管曾告诉我，曾有一名新来的警员的妻子在周日被诱拐，“我想他周一才会休假”。

CJTC的大部分课程都是标准化的。新警员要花120小时练习防御战术，并在肌肉发达的人体模型和陪练伙伴身上练习警棍技术。而到了射击场，警官们一边慢慢地侧身踱步，一边练习射击。在CJTC接受培训的警员每年会射击约100万发子弹。每次培训结束后，一名留着白胡子的培训官会驾驶一辆专门的笼式推车来捡报废的弹壳，就像在高尔夫练习场可能会看到的捡球场景那样。

这是CJTC与普通警察培训的相似之处。学院大门上方的标志上写着：“这里培养的是民主卫士。”这句话是为了提醒新警员，他们最重要的使命[16]是：拒绝战士心态，将自己视为社区的守护者，与公民协同工作，保证所有人的安全。

每一间教室的每张课桌上都有一句校训，写在一张折叠的卡片上：带着公平和尊严倾听并解释。几十年来，心理学家汤姆·泰勒（Tom Tyler）已经证明[17]，当有权势的人行使权力时，如医生面对患者，警察遇到民众，如果他们行事透明、公正、细心，那么即使在执行惩罚，也能获得尊重。拉赫尔曾说：“很多人感谢我逮捕了他们，或者至少感谢我在逮捕他们时对他们很好。”卡片上的校训是拉赫尔对泰勒思想的概括，她称之为“研究大杂烩的欢乐套餐版本”。

① 美国男演员，好莱坞银幕硬汉的象征，因主演阳刚味十足的黑社会动作片和西部片曾获得“影坛铁汉”的称号。——译者注

监护是一个充满诗意但又模糊的概念。在布里恩市，拉赫尔和她的职员通过 3 种方式使它变得更具体化。

第一种是举例。在拉赫尔就任之前，CJTC 一直在像新兵训练营一样运作。教官对新警员进行训练，使他们重新振作起来。当拉赫尔第一次经过培训大厅时，新警员立刻集中了注意力。她觉得这很吓人，而且毫无用处。她想：我们不需要警察敬礼，我们需要警察来进行交流。后来，拉赫尔摒弃了军事化风格，代之以更加开放的氛围。“作为一种文化，如果组织本身在程序上对新成员就不公正，那么当他们出现场时更有可能会感到沮丧，还会想，‘这都是胡扯’。”

第二种是课堂教学，教师乔·温特斯（Joe Winters）亲切地称之为“PPT 演示的死亡”。新警员要上情商、“心能”[①]、种族偏见和精神疾病等课程。他们会讨论如何辨别在公共场合裸体的人是否患有躁狂发作或吸食冰毒，也会练习如何说服人们放弃自杀和妄想。讲师提醒新警员，当人们犯罪时，他们往往处于巨大的悲痛之中。拉赫尔解释说：“你会在他们生命中最糟糕的那一天看到他们。他们会表现得像混蛋，但那也是由于其所处的境地所致。”

第三种是在“模拟城市”（Mock City）中进行的，模拟城市是由体育馆改造而成，里面是假商店和假公寓，大部分家具都由泡沫盒代替。它给人的感觉就像一部劣质电影中的布景，并配有扮演罪犯和受害者的演员。在这里，新警员拿起木制枪，练习如何处理不确定的情境，直到找到正确方法为止。

我参观的那天，模拟城市中到处都是来参加培训的新警员，他们在最后阶段的培训中失败了。如果再次失败，他们就不能与班上其他警员一起毕业了。

① heart math，关于识别和使用心脏能量来帮助治愈身体及热爱生活的课程。——译者注

在一个模拟场景中，一位由乔·温特斯饰演的父亲正站在一栋建筑物附近。两名新警员到达后，这位父亲向他们讲述了儿子的情况：他正遭受精神疾病的折磨。“我担心他会伤到自己，或者伤到我。”这位父亲说。新警员冲进房间里，发现里面满是倒塌的泡沫盒，一个年轻人坐在床上，手里拿着棒球球棒，正与自己脑袋中的声音对话。年轻人的表演并不是多么好：“别跟我说话！”他一边喃喃自语，一边摇摆身体，试图演出影视剧中精神分裂症的角色。

随后，新警员与他交流，尝试说服他放下球棒，并带着歉意轻拍他的肩膀。而在外面，温特斯不再假装成年轻人的父亲，而是开始询问新警员的计划是什么。“带他去医院。”一名新警员回应道。

“基于什么理由？”温特斯质疑道。这名新警员提到球棒和损毁的财物等事项，但温特斯并不买账：“拥有一只棒球球棒或者损坏自己的东西并不违法。在你进去之前，我对你说了什么？”

这名新警员僵住了。他很害怕，因为他不记得温特斯在扮演父亲时描述的恐惧。没有这个，他就没有逮捕的法律依据。正如一位培训师所说：“违法犯罪需要有被害人，而被害人的存在往往取决于人是否感到威胁。”

看到一名未来的警察因为没能理解他人的感受而如此沮丧，真是令我感到吃惊。但在CJTC，调整情绪是警察培训的核心部分，这么做不仅仅是为了找到逮捕的依据。这也反映了拉赫尔的观点：“在执法过程中，共情仍然被视为一种弱点或者被视为为了迎合政治正确，但它对警察的安全确实至关重要。当警察与处于危机中的人打交道时，承认对方遭受的创伤会降低彼此间的紧张感。倾听是一种能降低冲突可能性的策略。”

偏见可能来自与自己人的共情

CJTC 的培训也存在一些明显的缺陷。例如，培训师很少咨询心理学家。新警员会进行迈尔斯－布里格斯人格测试（Myers-Briggs Personality Test），但这种测试几乎没有得到任何研究证据的支持。在一次精神疾病研讨会上，一位培训师花了大量的时间描述了“兴奋型谵妄”。这种由药物引发的状态会使人变得好斗，对疼痛不敏感，且异常强壮。换句话说，患有兴奋性谵妄的人就像绿巨人一样。我以前从未听说过这种情况，后来才知道，美国精神病学会对此并不承认，警察经常拿它为使用武力做辩护，这一点颇有争议。

此外，CJTC 也没有充分进行关于种族的教育。警员虽然会在课堂上讨论偏见，但就连拉赫尔也将这种讨论描述为“蜻蜓点水”。她说，在模拟城市中进行的以种族为基础的培训，在后勤方面存在困难，因为演员队伍缺乏多样性，但这个理由站不住脚。拉赫尔曾经组织了一次新警员与一位黑人社区活动家之间的讨论，结果，讨论很快演变成一场吼叫比赛。这或许意味着，这正是更多新警员需要进行的“对话”。

尽管如此，CJTC 还是将共情融入了警察文化之中。在其生态系统中，职业上的成功与公民的合作紧密相连，这是对格罗斯曼路径的否定，也是向皮尔原则的回归。如果说战士型警察没做好射击民众的准备，就不能做好自己的工作，那么 CJTC 的新警员则是在没做好听民众说完话的准备之前，不能成为合格的警察。

华盛顿州有 300 多间警长办公室和警察局，各自都有自己的文化，拉赫尔承认，许多人与她推崇的文化相反。她想象着由自己培训的许多新警员到了新部门，与出警培训警官见面，后者会告诉他们“不要再听那些煽情的胡扯，要做真正的警察”。但早期的研究表明，即使在警员离开布里恩市之后，CJTC

的方法也会产生影响。在 CJTC 毕业的警察比其他警察展现出了更多的共情，同时对自己在警务方面的表现也更上心。

在一项研究中，心理学家挑选了 300 名在高危地区工作的西雅图警察，并对他们进行了 CJTC 式的培训。在接下来的几个月里，这些警察使用武力的次数比他们的同事减少了 30%[18]。CJTC 处理精神疾病的方法也越来越受欢迎。在过去的 3 年中，华盛顿州的警察已经将他们的策略应用在了精神病患者身上：减少逮捕的人数，增加住院的人数。

2014 年，在迈克尔·布朗（Michael Brown）枪击案发生后，奥巴马召集了“21 世纪警务工作组”。拉赫尔是该工作组的一员，她的理念在工作组的最终报告中被采纳：“执法文化应该是一种守护者心态，而不是战士心态。”

如今，守护者式的价值观已慢慢地传遍全美。2017 年，时任洛杉矶警察局局长的查理·贝克（Charlie Beck）发布了一项新政策，要求警员在与无家可归者的互动中“要始终以同情和共情为指导”。CJTC 式的培训已经在拉斯维加斯、加州的斯托克顿和辛辛那提落地。在佐治亚州的迪凯特警察招募视频一开始，局长就宣称：“我们是一个富有共情的部门，我们会尽最大努力设身处地为他人着想。”

虽然规范正在改变，但很难说这将会给美国的警务工作带来多大的影响。对拉赫尔和 CJTC 来说，每一次赞扬都会让他们失去持有怀疑态度的同行的支持。在拉赫尔引进“守护者理念”后，CJTC 中约有 20% 的高级职员离职。2016 年，在美国联邦调查局国家学院的年度会议上发言时，拉赫尔遭到了许多与会者的抵制。一位名叫奥兹·尼佐维奇（Ozzie Knezovich）的治安官看到从 CJTC 里出来的警察，感到很不舒服。他说：“我的现场训练教官告诉我，‘这太可怕了。CJTC 出来的新警察不会参与战斗，这会导致他们很容易被杀死的’。”

尼佐维奇是在怀俄明州一所没有军事氛围的学院式警校接受培训的。他告诉我："我一直都被教导要成为一名战士。"尼佐维奇认为，拉赫尔只不过是用更漂亮的语言重新定义了标准的警察理想，然后将其归功于自己。更糟糕的是，他认为拉赫尔增加了人们对战士型警察的恐惧，这加深了警察和社区之间的矛盾分歧。他说："如今，行政长官面临的最大挑战是，既要让执法人员相信，社区民众是关心他们的，又要让社区民众相信，执法人员也关心他们。"当拉赫尔将大多数的美国警务描绘成街头巷战时，尼佐维奇认为"那将摧毁公众的信任"。

尼佐维奇很有激情，但是将对警察的恐惧推给拉赫尔很奇怪。尤其是在美国有色人种社区，当地人无需任何人的"帮助"就会将警察视为好战的、动荡不安的力量。这需要改变双方每次的互动，但其实更需要的是改变文化。不妨想一想安东尼奥·桑布拉诺－蒙特斯（Antonio Zambrano-Montes）。桑布拉诺－蒙特斯 35 岁，是两个孩子的父亲，当时正与精神疾病作斗争。2015 年初，在华盛顿东南部的帕斯科小城，桑布拉诺－蒙特斯开始向过往的车辆投掷石块。当 3 名警察到达时，他还向他们扔石头，不过他并没有携带武器。在有关该事件的某个视频中，桑布拉诺－蒙特斯跑过街道，试图逃离警察。当警察开枪射击时，他仍然在奔跑。

与许多类似的视频一样，这段视频似乎是起诉警察所需的全部证据。然而，与大多数州不同的是，在华盛顿州，对警察的起诉书不仅要证明其行为暴力，而且要证明其带有"恶意"。除非使用心灵感应，否则这条规则几乎不可能使警察因过度使用武力被定罪。在我访问 CJTC 期间，桑布拉诺－蒙特斯枪击事件中的警官被撤销了所有指控。拉赫尔支持这一决定，并补充说："作为个人，相关警察都是真正的好人。"她提醒我，大多数杀人的警察都是无意这样做的。"我们一般不会起诉犯了无心之过的人。起诉是对误判的一种极端反应。"

此时，拉赫尔一反常态地脱离了民众的视角。作为社会群体，我们确实需要起诉那些犯有过失杀人罪和玩忽职守罪的人，“无心之过”这个词更适合餐馆上错菜，而不是杀害平民。但拉赫尔的观点与我在 CJTC 遇到的几乎所有警官的观点一致。他们想让我知道，大多数警察与网络视频或一些直播软件中的暴力的种族主义者完全不同；他们还想让我了解，他们为保护那些甚至希望看到警察死去的人所冒的风险。他们说的的确有道理。在美国，警察和民众每年会“接触”数十万次，其中绝大多数都以和平方式结束，而反映警察暴力的视频掩盖了 100 多万公务人员的善意。

但从另一个角度来看，善意接触的概率是多少并不重要，尤其是当接触不当意味着死亡时，重要的是遇到错误的概率是多少[19]。拉赫尔承认“这些场景很可怕”。其他警察也提到了这些场景，但很快就补充说这些认识是错误的，充满偏见和敌意。

这凸显了 CJTC 使命核心的一个主要矛盾。拉赫尔和她的团队鼓励参加培训的新警察善待民众，但作为警察，如果他们残酷行事，却几乎不会面临任何不良后果。皮尔的原则是，警察和民众应该团结在一个社区之中。很明显，训练警察与人友好相处、倾听他人和公平行事，是向这一方向迈出的一步。但是，没有问责的共情意味着什么呢？当一名警察可以合法地杀人，却不受惩罚时，即使他们过问被杀者的感受，也将于事无补。

导致这一问题的部分原因在于，能与民众共情的警察往往也更能相互共情。2017 年美国的一项民意调查发现，60% 的民众认为，与警察相关的枪击事件反映了警察文化中存在的一个广泛的问题。60% 以上的警察并不同意这一观点，而是称其为孤立事件——出错时，警察常常会结成统一战线[20]。

埃米尔·布鲁诺致力于在面对冲突时建立共情，曾研究过以上这种“共情偏见”（empathy bias）[21]。他曾问美国人、匈牙利人和希腊人，与历来不喜欢的群外人相比，他们对自己的族群有何看法。他还询问了他们关于跨团队合作的意愿。结果，埃米尔发现，高度共情的个体不一定会支持和平政策，尤其是当他们更关心自己所属群体而不是群外人时。

这项研究存在一个令人惊讶的暗示：有时，和解的出现不是通过与群外人产生共情，而是通过减少与群内人的共情。这对任何组织来说都是一项艰巨的任务，尤其是对警察来说。怀疑自己的朋友令人痛苦，而且也很危险，因为当人处于高风险情境中时，正需要依赖他们。但为了与其提防的社区修复关系，警察可能需要更多地以怀疑的态度对待同事，即使是关于他们钦佩的人也要如此。践行这一规范可以使社会朝着拉赫尔所说的理想世界前进，在这个世界里，“看到警察的人的第一反应是：‘我更安全了。’”

对犯错的人零容忍是正确的吗

在到达监狱几分钟后，贾森·奥科诺夫（Jason Okonofua）被要求脱光衣服。当只剩下内衣时，他犹豫了。贾森当时年仅 16 岁，一小时前，他还在上高二的微积分大学预修课。这听起来似乎很不对头。

“把衣服脱掉！”一名卫兵喊道。

当时，贾森只在少管所待了几个小时，但 15 年后，他对此事仍然记忆犹新。“我的体内好像被植入了某种东西……‘你什么都不是，你没有任何权利’。”多年以来，贾森一直都规矩行事：他是个优等生，也是橄榄球队的中后卫。虽然又穷又黑，但他努力工作以求获得好运。而在监狱的几分钟瓦解了他的信心。“我的感觉是，这些都不重要，你仍然无法掌控自己的生活。”贾森的父亲和母亲分别出生于尼日利亚和美国田纳西州的诺克斯维尔。他告诉我：“我不知道他们是怎么在一起的。”贾森 5 岁时，他的父母离婚了，这对他的两个哥哥打击很大。他的大哥当时只有 9 岁，即将加入一个天才项目，但 10 年后，他仅以 0.57 分的绩点成绩从高中毕业。

贾森尽其所能地避免麻烦，他钦佩两个哥哥，并希望忠于家人。有时，贾森会参与斗殴或在非法组织中晃荡。“如果警察碰巧在某个时刻出现，或者在警察出现时我未能逃离，那么这些遭遇就可能会改变我的整个生活。”他的一个哥哥加入了帮派；两个哥哥都被孟菲斯的学校开除了——贾森也受到了连累。他们上的每所学校都比前一所更穷、更像监狱。高二时，贾森已经在 7 所学校待过了，他已经习惯于穿过金属探测器去上课。

贾森很清楚哥哥们往后的道路。贾森回忆道：“他们第一次陷入麻烦，就会影响到下一次，后来慢慢地，他们不再担心自己是否会陷入麻烦。”学校的工作人员在他们到校之前就经常听说他们家的事，这也奠定了兄弟俩失败的基础。“老师们会想：‘你是个坏孩子；一旦你做了错事，我们就会把你赶走。我们不希望你待在这里。’”贾森渴望做得更好，但在许多老师的眼里，他的家庭状况限制了他的发展。

读高二的那年秋天，当贾森正坐着吃午饭时，一位高年级的学生递给他一张聚会传单，上面写着“自带啤酒和婊子”。贾森还没反应过来是怎么一回事，副校长就将所有拿传单的人都抓了起来，并带到了办公室，要求每个人都停课一天。贾森环顾四周，心想：“我不是他们中的一员。”当副校长问到他时，贾森拒绝了停课，并补充说他要回去学习。副校长回应道：“哦，你要反抗了？那就停课三天。”贾森又拒绝了。后来，副校长打电话给学校警察，以扰乱治安罪将贾森逮捕。

警察给贾森戴上手铐，并将他带到校长办公室的里间，开始让他汇报自己的所作所为。像学校里的大多数人一样，警察也认识贾森的两个哥哥。当只剩他们两个人时，警察看着贾森说："我还以为你和他们不一样，会是个好人。"

建立关注感受的规范，避免一味强调秩序

2011 年，美国约有 359 万儿童失学，是 1975 年记录人数的 2 倍多。包括停课和开除在内的"排斥性纪律"的使用，随着 1994 年《学校禁枪法案》（*Gun-Free Schools Act of 1994*）的颁布而迅猛上涨。该法案规定，任何学生在学校被发现携带枪支，都将被停课一年。多年来，"零容忍"政策从枪支蔓延到刀具、毒品和威胁行为。"威胁"的定义变得愈发模糊。学生甚至会因为将果酱馅饼嚼成枪状或服用避孕药等被停课或开除。

"零容忍"政策是教育版的"战士政策"：旨在促进秩序，却制造了敌意的规范。在学校中，这些政策本意是为了阻止学生做出危险和违法的行为[22]，但几乎没有证据表明这些政策确实有这种效果[23]。事实上，在被停课之后，学生们更有可能用行动来发泄，乃至辍学甚至被捕。即使未被停课的学生也会受到停课学生的影响：他们的标准化考试成绩下降，对老师和校长的信任降低，变得冷漠且焦虑[24]。通过排斥学生，学校制造了更多原本试图阻止的混乱。2014 年，政策制定者取消了"零容忍"政策，但为了应对校园枪击事件的蔓延，特朗普政府又建议全面恢复这些政策，但没有证据表明停课可以遏制暴力。

通常，黑人和棕色人种的学生被停课的可能性是白人学生的 3 倍[25]。一些案例反映了学生真实的不当行为，还有一些反映的其实是老师的种族歧视。其实，核心问题在于给学生和教师都设下陷阱的零容忍文化。

新的教师经常将自己描述成理想主义者，在这一群体中，超过 40% 的人

特别希望为贫困和少数族裔学生创造机会。但他们中的许多人却由于难以控制、不守规矩的学生而灰心丧气，他们被迫着成为严厉的教师。问题学生经常受到家庭压力、他人霸凌、自卑等困扰[26]。有时间、有兴趣、有精力的教师可以通过纪律处分，与学生一起检查问题所在，倾听他们的观点，并提供支持。假设某位学生整年都能待在班里，那么帮助他可能也是帮助班上其他同学的最佳方式。

零容忍文化颠覆了这一规范。教师的工作不再依赖于理解困难的学生，相反，他们必须保护教室不受危险因素的影响。这鼓励教师们尽早识别出“坏孩子”，并对他们做出强有力的反应，消除其威胁，就像抗体追捕病毒一样。而就像战士型警察一样，零容忍文化会将原本可以合作的人变成敌人。

这些压力与常见的种族偏见混合在一起，最终形成了“一杯有毒的鸡尾酒”。白人学生会因持有香烟等具体违规行为更容易被停课，而黑人和棕色皮肤的学生则更容易因含糊不清的违规行为（如“不尊重教师”）而被停课，这常常取决于教师的主观判断。当贾森拒绝停课时，副校长认为这是一种不合理的挑战，是扰乱学校安宁的不良行为。

学生们在这些规范中学习，成为我们期望他们成为的人。少数族裔的学生常常怀疑老师对自己抱有偏见。不公平的纪律处罚证实了这一点，导致学校给人的感觉就像法庭一样。**当学生感到不受尊重时，他们会表现得更不遵守规矩；反过来，教师也会感到更多的威胁，并会提高纪律要求。**师生双方都学会了害怕并刺激对方，这形成一个循环，就像排水口周围的水一样旋转，最终将众多学生赶出了学校，这些学生常常投入执法部门的怀抱。贾森在整个童年时期都在与之抗争——他逆流而上。

在进少管所后的第二天，贾森和他的母亲上了法庭，他的命运掌握在一位法官的手中。学校提出了指控，标志着贾森犯罪记录的开始。但当法官翻阅贾森的档案时，他停了下来。“这些都是荣誉班①吗？”法官问道。“是的。”“你所有的成绩都是 A？”贾森再次说“是的”。法官停顿了一下，然后说：“你走吧，告诉学校永远别再把你送回来。”贾森的犯罪记录被删除了，从法律上讲，他的被捕从未发生过。

那年夏天，学校系统安排了一批成绩优异的有色人种学生去精英预科学校度过暑假，贾森被送到罗德岛的圣乔治学校。他在那里表现出色，当他回到田纳西州时，预科学校给了他一个机会：获得全额奖学金再上一学年。高中的最后两年贾森是在圣乔治学校度过的。这里是一个完全不同的世界：贾森已习惯了学校走廊里有监控摄像头，但这所学校却有私人海滩、学院顾问，每 8 名学生就有一位教师。

最令贾森吃惊的不是学校的环境，而是他在圣乔治学校的情况。“在孟菲斯的学校，我为自己挺身而出被捕。”他告诉我，“同样的事情在预科学校则是被鼓励的。”当贾森向老师提出挑战时，老师建议他参加模拟法庭和辩论赛。后来，贾森在圣乔治学校声名鹊起，而后又在西北大学读了本科，并在斯坦福大学攻读心理学博士学位。如今，他是加州大学伯克利分校的教授。

贾森进行的研究调查了他曾经遇到过的不公平。在一项研究中，贾森请老师阅读一名在课堂上行为不端的假想学生的故事。当老师认为这名学生是白人时[27]，他们更愿意帮助他制定策略；当他们认为这名学生是黑人时，他们更有可能会让他停课。

---

① 美国是按照学生的能力程度来分班的，有专门给能力强的学生读的荣誉班（honors class），天才学生读的大学预修班（AP class）等。——译者注

贾森不仅想研究教育中的种族差异，他还想与之战斗。读研究生期间，他曾加入斯坦福大学的研究核心团队。他们通过研究发现，少数族裔学生在学校往往感到不受欢迎，尤其是在斯坦福大学这种富裕且白人多的环境中。他们率先采取了一项干预措施，让新生花时间反思自己为什么能进入斯坦福大学。值得注意的是，在接下来的一年里，通过这项简单的练习，学生绩点中存在的种族差距缩小了 50%[28]。

贾森想利用这项工作来改善高中少数族裔学生的经历。在此过程中，他参与了正在广泛发展的新教育潮流：关注学生的感受。例如，社会情感学习项目（Social and Emotional Learning，SEL）教学生如何调节自身及照顾彼此。社会情感学习项目有多种形式：学生可以练习正念，从每天为自己的情绪命名开始；或者谈论自己的行为如何影响其他学生。数十所学校已经采用了威斯康星大学健康心智中心开发的整套“善良课程”[29]。

最近，一篇关于对约 25 万名学生进行的 200 多项研究的文献综述[30]显示，社会情感学习项目确实发挥了作用。通过参与这些活动，学生可以更好地理解彼此的感受，控制自己的情绪。其他积极的影响则更加明显，例如，社会情感学习项目使得霸凌、抑郁和纪律问题减少，还提高了学生的平均成绩。

社会情感学习项目最大的弱点是，它对年龄较大的学生效果不佳[31]。到了十几岁的时候，学生对社会情感学习项目几乎完全免疫。这种情况可能是多种原因导致的，如青少年面临着青春期的躁动和日益增加的学习压力。他们变得更适应所处的社会环境。同时，青少年比其他任何年龄段的人更容易互相依从，如果其他学生不在乎，或者更糟的是，认为善良的人很傻，那么努力践行善良就是在社交上自寻死路[32]。

再比如针对青少年的反毒品项目（Drug Abuse Resistance Education，DARE）。

在该项目的课程中，警察会到教室为学生展示图片甚至毒品样品。警察会警告学生，他们的同伴会诱导他们，并迫使他们吸毒。警察常用的警句是：做正确的事意味着不随大流。从表面上来说，这是一条很好的信息，但实际上它往往适得其反。它揭示了危险的规范，并要求学生与之对抗。但正如人们所见，规范往往会获胜[33]。尽管针对青少年的反毒品项目耗资数千万美元，但它似乎并没有减少儿童的药物滥用[34]，甚至一些证据表明，它使情况变得更糟了。

事实上，更明智的策略是遵循规范，而不是反对规范。

最近，帕鲁克在新泽西州 56 所中学中使用了这种方法。帕鲁克让一群学生找出学校中最严重的社会问题，比如学校霸凌和谣言传播。然后，学生们举行了鼓励善良的活动，并为之创作了口号和海报，还将海报贴满整所学校。学校的其他反霸凌项目失败了，而这种方法却流行开来。结果显示，纪律问题大幅度减少[35]，学生们也报告说，他们与同辈也更加关心彼此了。帕鲁克没有与从众抗争，而是利用它来营造更健康的环境。

我和我的研究生魏斯正在采取类似的方法以培养青少年的共情能力。魏斯和她的团队在旧金山湾区与大约 1 000 名高一学生一起工作。首先，他们要求学生写下为什么认为共情重要且有用。接下来，学生们在互相阅读这些信息后了解到，同龄人与他们一样重视关爱。作为魏斯早期共情思维研究的一部分，他们还阅读了由斯坦福大学的学生撰写的积极共情的信息，斯坦福大学的学生是旧金山湾区的学生钦佩的群体。最后，他们让学生们想象自己与另一所学校的学生交谈，并吹嘘自己的班级多么富有共情。

实际上，在感到焦虑的青少年中，霸凌者、趋炎附势之人和刻薄的女孩更容易主导谈话内容。就像酗酒的大学新生或有线电视新闻主播一样，这些极端的声音会将大多数人排挤出去。魏斯的方法是帮助学生们注意到大多数同龄人确实关心他人，这为他们遵从共情的规范提供了机会。尽管数据仍然是初步的，但魏斯的努力似乎起了作用：在了解了同龄人的共情[36]之后，学生们报告说，他们更有动力与他人共情了。这种动机反过来又预示着他们对同学的友善程度的提高。

在建立干预方案时，贾森也曾专注于课堂规范。但他没有将责任推给学生，而是决定将重点放在教师身上。从孟菲斯的学校开始，贾森就知道教师有多么重要，尤其是当学生处于挣扎之际。贾森认为，如果他能鼓励教师与处于困难之中的学生共情，那么也许他们的关系会转向更好的方向。

贾森在旧金山湾区的 5 所中学创建了自己的办公室，在每一所中学培训数学教师，为他们教授“共情训练”。教师们首先读到的是，即使是好学生也会有表现失常的时候，比如有不安全感或处于青春期时；他们应将纪律看作一个机会，不仅是为了惩罚学生，还要帮助学生成长。

贾森提供了一些学生的故事给我，在这些故事里，学生描述了教师接受共情训练后的不同表现。有学生写到：有一天放学后我被留堂了，老师并不是单单坐在那里，而是与我交谈了发生的事情。他真的倾听了我说的话。知道自己在学校里有一个可以信任的人，这种感觉真好。

贾森又请教师们写下他们管教孩子的策略。教师的回应是颂扬善良的美德。有的教师写道：“无论前一天发生了什么事，我每天都会微笑着迎接每一位学生。”另一位教师写道：“我从不抱怨。我努力记住学生们都是爱他们的人的子女。他们是某些人的生命之光！”

这些态度也反映在课堂上。在教师们进行了共情训练之后[37]，学生们报告说感觉自己受到了更多的尊重。对之前曾被停课的学生来说，尤其如此。共情的教师为学生创造了一个可以茁壮成长的环境，让他们感觉到自己并未被抛弃。教师们做得很好。接受贾森训练的数学教师，其学生被停课的次数只有其他班级的 50%。这种差异在最可能处于挣扎中的青少年之中表现得最明显，如男生、非裔美国人和拉丁裔美国人，以及过去曾被停课的学生。

贾森的研究虽是初步的，但很有说服力，部分原因是训练的效果不能简单地归结为教师的共情。贾森解释道："干预虽然只针对数学教师，但学生们也很少被其他教师停课……"其他教师也并不知道哪些学生接受了共情，哪些没有。事实上，受到教师共情的学生，不仅在班级中表现得更好，在其他方面也一样。

世界各地的学校都鼓励学生采用成长型思维模式，即相信自己有能力变得更好，但贾森的研究告诉我们，有时仅有自我认知是不够的，尤其是对那些处于困境中的学生来说。贾森反思道："思维模式存在于一个人身上，这一点的确很重要，但我们也应该思考这些思维模式从何而来。"人们当然可以选择诠释自己所处环境的方式，但也可以一起创造环境。这些情况共同决定了人们对他人和对自己的期望。

掌权者不仅有责任善待他人，还有责任创建一个期望善良并给予善良回报的生态系统。采取这种方式的学校、警察部门、家庭、公司甚至政府，使人们更容易产生共情。

贾森正在为学校的共情教育尽自己的一份力，甚至更多。当前，他的教师培训项目正呈爆发式扩大，已被佛罗里达州、宾夕法尼亚州、弗吉尼亚州和佐治亚州的学校采用。也许在不久的将来，它就会传到田纳西州和曾经将贾森送进监狱的副校长那里。这也许能帮助那位副校长从不同的角度看待下一个与贾森类似的孩子。

共情实践者
THE WAR FOR KINDNESS

学校、警察部门、家庭、公司甚至政府要建立一个期望善良并给予善良回报的生态系统，以激发人们与他人产生更多的共情。

THE WAR FOR KINDNESS

第 7 章

利用最新科技，激发并培养共情

观点直击

- 科技和网络的普及极大地影响了人们的共情。
- 网络的匿名性助长了网络霸凌现象。
- 网络的回应效应助长了极端和情绪化的观点。
- 虚拟现实能减少人们的刻板印象和歧视，有助于培养共情能力。

2007 年，伊拉克艺术家瓦法·比拉尔（Wafaa Bilal）邀请世界上任何人通过网络向他“开枪”。三年前，他的兄弟哈吉在家乡纳杰夫被无人机制导导弹击中身亡。更令比拉尔悲伤的是，他看到了对一名从科罗拉多州农村基地向伊拉克空投导弹的无人机“飞行员”的采访视频。在视频中，那名“飞行员”并没有意识到自己工作的残忍，比拉尔回忆道：“让我震惊的是，哈吉的死是由一个像这位年轻女士一样的人精心策划的，她在数千千米外按下按钮，对这一行为给一个家庭带来的恐惧和破坏浑然不觉。”[1]

以科技为媒介的暴力有时会让人感受不到暴力，因为科技这一媒介会使暴力对人的冲击大大降低。

尽管有些站在比拉尔面前的人也会朝他“开枪”并大喊大叫，但他认为，多数攻击他的人都是在互联网的安全和情感距离之外开火的。科技已被多数人视为这个时代对共情的最大威胁。

网络的发展导致共情减少与冲突升级

在1964年世界博览会的筹备阶段，《纽约时报》邀请美国科幻小说作家艾萨克·阿西莫夫（Isaac Asimov）想象一下50年后的世界博览会的样子。阿西莫夫的第一个猜想是"电致发光面板"（electroluminescent panels）将会无处不在。他写到，通过这种面板，"人类将继续远离自然，以创造一个更适合人类的环境"。20世纪第一个10年里，社交应用Instagram、优步、爱彼迎、比特币、iPhone开始风靡全球。金融、友谊、爱情和身份都以网络作为媒介来实现，而网络世界一直与人类持续同在。2007年，美国成年人平均每天使用手机的时间为18分钟，到2017年，已上升至每天4小时[2]。

阿西莫夫所说的未来就是我们的现在。很多人开始感到担忧[3]，并警告说，科技会让我们变得比以前更笨拙、更可悲、更刻薄。的确，数字化会让人们在心理上付出代价。在一项实验中，我和同事让被试参观斯坦福大学的纪念教堂，暂时没收了其中一些人的手机，并要求其他人拍摄旅程照片，之后发布到网上。具有讽刺意味的是，那些在网上分享自己经历的人[4]对这些经历的记忆反而更少。伴随着社交媒体上无止境的滚动信息，人们的视角变得越来越狭隘。

罗伯特·菲舍尔（Robert Vischer）创造了"移情"（Einfühlung）这一术语[5]，也就是所谓的"情感融入"（feeling into），它是共情的前身。菲舍尔不是心理学家，而是一位艺术理论家，他认为Einfühlung是一种密切关注的状态，能让旁观者真正"看到"雕塑和绘画背后的情感意义。同样，如果人与人之间的联系是一个真正看到对方同时也被对方看到的过程，那么我们应该赞美网络。因为通过网络，人们可以了解任何一个国家数百万人的生活，在了解他们生活的同时，也在向他们广播自己的生活。新闻机构、出版商和其他传统的"守门人"不再能决定人们关心什么人或什么事。科技解除了对人的束缚，并扩大了人与人之间的联系，遍布全球，无时无刻不在进行。

哲学家彼得·辛格认为，随着时间的推移，人们的“关怀圈”已经逐渐扩大，慢慢超越了家庭、村庄和国家的界限。网络最终将会进一步使这个圈子扩大，让人们拥抱全人类。

但科技让人们回避了面对面的接触，也忽略了世界上最佳的共情训练。这是否会降低人们的沟通能力呢[6]？很难说。在过去的 30 年中，人们与他人的共情减少了，对科技的使用却增加了，不过，二者同时发生并不意味着它们存在因果关系。但依然存在其他令人不安的关联：网络使用率较高的国家，人们的平均共情能力较低；在网络、社交媒体或游戏平台花费时间相对较多的人，在理解他人方面存在着更大的困难。当人们只是阅读他人的话语，而不是倾听其声音时，人们更有可能将他人去人性化，尤其是当人们不同意他人的观点时。

虽然人们在网上可以看到任何人，但人们却经常利用这种能力来缩小而非扩大自己的视野。人们被淹没在比希望处理的更多的故事和数据中，因而必须选择将注意力指向某处。这助长了人们最懒惰的心理冲动。人们寻找着与自己的理念相符的事实，并将自己禁锢在志同道合者所形成的回声室[①]中。人们也会被那些在情感上肯定自己的故事吸引——用共情来证明自己一直都是对的。

网络会放大回声室效应。**2014 年的一项调查显示，与阅读报纸、观看电**

---

① 即所谓的回声室效应（echo chamber situation），它是指在相对封闭的环境中，一些意见相近的声音不断被重复，并以夸张或其他扭曲的形式被重复，令身处其中的大多数人认为这些扭曲的声音就是事实的全部。——译者注

视节目或面对面交流相比，人们在浏览网上的信息时会感到更加愤怒[7]。

此外，人们在网上展现出的形象也不一样，尤其是在使用昵称和头像替换掉自己的姓名和真实面孔时。匿名当然有好处，例如，它允许人们讨论自己的性别认同而不用担心被揭露，但它也剥夺了善良的关键支柱。正如前文提到的，当人们对彼此负责时，如在小的社区中，残忍行为在社会上的代价会非常高。匿名将人们从这些约束中解放出来，切断了社会交换中的刹车回路，因而网上充斥着由此产生的残骸。

向比拉尔“开枪”的人，以及在评论区希望发信息者惨死的人，都是在虚拟、黑暗的掩护下行动的。“怪物”花费大量的时间和精力来播种痛苦，而匿名性诱使人们像戴上了面具一样去尝试残忍行为，因为他们知道自己不会为此付出代价[8]。然而，这会让他们的行为目标付出代价。网络上的骚扰可以跟踪人们进入其家庭、房间和床上，这可能就是为什么受到网络霸凌的青少年[9]比受传统霸凌的受害者更容易考虑和尝试自杀。

当人们将自己的名字和面孔放到网上时，他们呈现给世界的可能与想要呈现的自己大不相同。社交媒体诱使人们粉饰自己的生活。将时间花在社交媒体上往往会让人更加抑郁[10]，其中一个可能的原因是：在他人发布的帖子中，熟人和前同事可能总是在日落时分乘舟漂流，而自己却坐在办公桌前，看似是在工作，实际上却是在看着他们。

另外，社交媒体也鼓励人们向外界传播愤怒[11]。当人们激动地在网上谈论政治和道德问题时，他们的信息会被更多地分享，尤其是在那些同意他们观点的人之间。转发是网络中最有价值的奖品，这种模糊、微小的肯定又强化了被转发的所有事物。这使得网络成了人类部落中的猫薄荷。传统媒体给了人们响亮、极端的声音，人们被它们吸引；新媒体则鼓励人们成为那些声音。

社交媒体：撕裂社会结构的工具

社交媒体中的愤怒膨胀并不是偶然发生的。导致共情在网上瓦解的原因往往是有人故意为之。2016 年，在美国总统大选前夕，假新闻运动大肆散布谣言，还攻击美国的种族、宗教和经济断层。在 Facebook 等媒体的鼓动下，广告针对人们所属的群体身份，向其播撒恐惧和愤怒。许多人认为，这种植入内容比传统媒体更值得信赖。信息在某种程度上将人们的情感当成了工具[12]。

Facebook 和 Twitter 的盈利方式不是让用户高兴，而是让他们持续在线。它们使用的是人工智能算法，可以由此获取关于人们网络生活的大量信息：人们访问的网站、发布的内容、在搜索引擎查询的问题等。它们通过这些信息让人们持续浏览网页。通常，这意味着它们看到了人们的弱点。例如，处于躁狂发作边缘的双相情感障碍患者可能会被拉斯维加斯度假的广告淹没。在 Facebook 上，人们可能会被家庭成员之间的小冲突吸引，就像人们会伸长脖子围观公路上的撞车事故一样。如果确实如此的话，Facebook 的算法会让人们在下次登录时发现类似的谈话被置于信息推送的顶部。

2017 年，Facebook 的前高管查马斯·帕里哈皮蒂亚（Chamath Palihapitiya）因帮助创建这项技术产生了“巨大的负罪感”。他在斯坦福大学对一名观众说道：“我认为，我们创造了正在撕裂社会结构的工具，我们创造的短期、由多巴胺驱动的反馈循环正破坏社会的运作方式。”然而就在同一年，一家名为“多巴胺实验室”的初创公司获得了 100 万美元的种子资金，现已更名为“无线之脑”（Boundless Mind）。该公司是由两位神经科学家创立的，它利用奖励和强化的原则让人们持续在线。该公司对客户的承诺是：“多巴胺会让你的 App 令人上瘾。”[13]

正如阿西莫夫预测的那样，我们已经从大自然中退出，投入了一个更适合我们的环境的怀抱中。可悲的是，网络生活符合人们最糟糕的本能。人们很容易将科技的影响归咎于科技本身，很多人的确是这么认为的。网络的主要趋势无疑会使人们更加疏远。不过，技术只会满足创造者以及最终消费者的要求，而无法弥补随之而来的疏远。目前，一些有进取心的人正与网络的共情减少效应做斗争，利用科技来建立联系，这在 10 年前是难以想象的。

虚拟现实：培养共情的"终极武器"

你在一辆公共汽车上醒来，仅剩的资产就在身上。一些乘客瘫坐在你周围的座位上，头靠向车窗。你转过身，看见一位父亲抱着儿子。其他人几乎都睡着了，但有一个留着灰白胡子、穿着卡其布背心的男人站在车尾，正盯着你看。你感到不安，于是瞥向司机，想知道他是否会在你需要时救助你。当你再次转身时，那个人已朝你走来，现在离你只有一步之遥。你感到震惊，担心自己的人身安全，但随后又提醒自己没什么好担心的……你摘下 Oculus① 虚拟现实头盔，发现自己又回到了现实世界，回到了斯坦福大学杰里米·拜伦森（Jeremy Bailenson）的虚拟人类交互实验室中。

对越来越多的硅谷人来说，一次漫长而充满危险的公车之旅并不是一次模拟，它就是现实。圣克拉拉是 Facebook 和谷歌公司的所在地，也是美国富裕人口第二集中的地区。这里的生活成本飞涨，除了最富有的人之外，其他居于此地的人都可能会背井离乡。在美国的科技中心帕洛阿尔托市，无家可归者的数量在过去两年中增长了惊人的 26%[14]，其中有孩子的家庭的比例最高。这些人居住于收容所、露营地，在更艰难的时期，则会住在 22 号公交车上。

距离斯坦福大学校园仅不到两公里，22 号公交车从帕洛阿尔托出发前往

① 美国一家专门生产虚拟现实耳机等产品的品牌，后被 Facebook 收购。——编者注

圣何塞，整夜穿梭于两座城市之间。硅谷的无家可归者经常在这里寻求安全与庇护，人数之多使得此处被称为“22 号旅馆”。整夜，几十人会来回穿梭，排成一个有序而又精疲力竭的队伍。他们花一个半小时从 22 号线的一端坐到另一端，下车，然后立即返回车上。22 号线的司机深谙此事。从首站出发后，司机通过对讲机进行广播[15]：“不许躺下，不要把脚放在座位上。要尊重下一站上车的人，因为他们要去工作了。让我们有一个美好的安全之旅；做正确之事。任何想捣乱的人，后果自负。”

在帕洛阿尔托市的皇家大道，2019 款特斯拉轿跑车被置于一家经销店中，正等着新的千万富翁来抢。沿路而下，一排排房车已停了好几天，里面住着不久前遭遇生活变故的家庭。当人们对此不再感到惊讶时，也就意味着人们对无家可归者的痛苦视而不见。有时，人们会完全忽视他们的人性。在一项研究中，神经科学家向被试展示了来自许多群体中的个人照片，包括商人、运动员、父母等，同时用功能性磁共振成像（fMRI）扫描被试的大脑。除了无家可归者的照片，每组照片都激活了被试大脑中与共情相关的区域[16]。

承认无家可归者的经历很痛苦，它会引起内疚，并破坏人们的一种感觉，即认为世界是公正的。像上面这样的情况，打破了共情拉锯战的平衡，因此人们倾向于回避共情。拜伦森和我共同进行研究，以探索能否利用沉浸式技术，使得关心被遗忘之人变得更容易、更自然，甚至成为一种习惯。

几十年前，拜伦森实验室的技术还只是一种幻想。到了几年前，它变成了一个很专有的、陋洞百出但又令人兴奋的想法，而要实现这一想法代价高昂且几乎没有任何实用性。此后，这种技术开始呈现出爆发式增长。2014 年，Facebook 以约 20 亿美元的价格收购了 Oculus VR 公司。与此同时，一大批价格 10 ～ 300 美元不等的廉价便携设备让普通人见识到了虚拟现实技术。拜伦森表示，这并不是媒体领域的跃进。他写道：“虚拟现实技术在心理上的威力远超以往任何一种媒体。”[17] 秘密武器就是拜伦森所说的“心理在场”（psychological presence）。虽然书籍和电影可以将我们带入故事之中，但读者和观众仍然会意识到自己身处故事之外。虚拟现实则完全将人们包裹，让人们置身其中，以至于完全忘记了媒介本身：在城市上空飞行时会心跳加速，或者为了躲避掉落的碎片或敌人的火力而跳跃。人们混淆了虚拟世界和真实世界，这很容易理解，因为这些体验对他们来说非常真实。

虚拟现实技术增强了人们的幻想，而且也定义了游戏和娱乐活动的未来。但心理在场也能让人们体会真实场景。拜伦森认为，这才是这项技术真正的力量所在。橄榄球四分卫可以通过它更好地感知比赛场地，医学生则可以通过它来练习复杂的手术。对于这两种情况，虚拟现实都有助于促进快速而深入的学习。此外，虚拟现实技术还可以让人们亲身体验老年人、其他种族或者色盲患者是什么样的。拜伦森和他的同事发现，这些经验会减少人们的刻板印象与歧视[18]。

艺术家克里斯·米尔克（Chris Milk）将虚拟现实视为“终极共情机器”。2014 年，米尔克制作了一部虚拟现实电影《锡德拉湾上的云》（*Clouds Over Sidra*），讲述了约旦札塔里难民营中一名 20 岁女孩的故事。观众“遇见”了女孩锡德拉，同她及其家人共度时光，并一路探索难民营。最近，米尔克将这部电影和观看设备 Oculus 虚拟现实头盔带到了瑞士的达沃斯世界经济论坛。

米尔克说道：“这些人本来不太可能会坐在难民营的帐篷里……”但在瑞士的某天下午，他们突然发现自己就在那儿。据米尔克所说，“在那儿”很重要。他在最近的一次演讲中解释说：“你不仅仅是通过电视屏幕观看，而是和女孩坐在一起。当你往下看的时候，你和她正坐在同一片土地上。正因如此，你能更深刻地感受到她的人性。你会更深刻地与她共情。”这一想法简单而有力。科技的确让我们更难看到彼此，但如果换一种角度，它也可以起到很好的作用。

米尔克的电影深切地描绘了虚拟现实的力量，但对沉浸式技术能否真正培养共情的研究依然很少，人们有理由对此表示怀疑。想象一下，告诉某人他有机会在难民营中度过一小时，谁会同意，谁又会回避呢？那些不愿与他人共情的人很有可能根本不想进入一台“共情机器”。虚拟现实可能会让本就关心他人的人更进一步，但问题是，它能否做得更好。

共情实验室 THE WAR FOR KINDNESS

大约三年前，拜伦森、我以及我们的学生费尔南达·埃雷拉（Fernanda Herrera）和魏斯设计了一种虚拟现实体验，帮助旧金山湾区的居民以全新的视角看待无家可归的邻居。通过 Oculus 虚拟现实头盔，观众可以探索一系列场景，来了解无家可归者的故事。一位观众首先在他的公寓中“醒来”，面临着被驱逐的命运，并被要求盘点家当，以维持生计。如果无效，观众会发现自己不得不住在车里。然后，一名警察发现他非法滞留，并扣押了他的车。这位观众最终住进了 22 号旅馆。在最后一个场景中，他还可以了解其他乘客的状况。如果“点击”旁边的父子，一位解说员会说：“这位父亲是雷，他的儿子是伊桑。伊桑的母亲患有慢性病，最近去世了，她留下的医院账单使雷负债累累。他们在家庭收容所的候补名单上。在有空位之前，他们晚上都睡在公交车上。”

拜伦森和我相信，人们在无家可归者的虚拟生活中走动一番后，会与其产生共情。但虚拟现实会比传统方法更有效吗？为了测试这一点，我们在实验中进行了分组，让一些人完成虚拟现实练习，让另一些人阅读同样的故事——被驱逐、扣押车辆、进入 22

号旅馆，同时想象故事主角的想法和感受。在几十项研究中，这种换位思考练习已成功地增强了共情，这意味着在我们的研究中，虚拟现实技术显示出了真正的竞争力。项目开始时，我和拜伦森打赌，认为虚拟现实不会比技术含量低的媒介能带来更多共情。

我错了。起初，这两项活动都增加了人们对无家可归者的共情，甚至提高了他们向当地收容所捐款的意愿。但当进一步测试他们的关爱时，差异出现了。我们向被试介绍了提案A，这项无记名投票法案将扩大旧金山湾区的社会福利住房计划，并略微增加税收。被试都表示支持这项措施，但当给他们机会签署支持这项措施的请愿书时，那些完成了虚拟现实练习的被试更有可能同意。此外，这项技术创造的共情也更持久[19]。在参与研究一个月后，接受过虚拟现实练习的被试仍然赞同支持无家可归者的措施，且与其他参与者相比，他们更不可能将无家可归者去人性化。

我和拜伦森都认为虚拟现实并不是完美的共情机器，因为有些经历是无法模仿的。我们可以让人们在22号旅馆待上几分钟，但无法让他们感受长期忍饥挨饿带来的痛苦与绝望。尽管如此，我们依旧很乐观地认为，虚拟现实能够激发人们的好奇心，并促使人们更多地了解本来会被忽视的人。拜伦森和他的团队已经在旧金山湾区的购物中心和博物馆安装了22号旅馆体验装置，成千上万的人已体验过了。在《杀死一只知更鸟》一书中，阿提克斯·芬奇给斯库特忠告：“你永远不可能真正了解一个人，除非你从他的角度去看问题……除非你钻进他的皮肤里，像他一样走来走去。”

随着虚拟现实变得越来越普遍，数百万人将有机会亲身体验。

增强现实：更好地识别情绪

虚拟现实让他人的生活更加可视化，而其他新技术则让人们能够真正“看到”他人的情绪。2012 年，谷歌推出的谷歌眼镜项目引起了巨大的争议，很快就夭折了。这个想法听起来很有革命性：通过一台贴在眼镜上的小型透明显示屏，人们可以“增强现实”（augment reality，AR），即将数字数据叠加到模拟世界中。这其中的可能性似乎无穷无尽。例如，当谷歌眼镜的用户扫一眼一排餐厅后，每家餐厅的 Yelp① 评分可能会清晰地浮现在面前；而扫到火车站时，则可以用数字标记出下次出发时间。谷歌眼镜曾承诺：让生活更像一款电子游戏。

但在纽约和旧金山，当谷歌眼镜的试用者戴上它时，他们发现，人们都在有意回避自己。这一技术看起来令人尴尬，也有点沾沾自喜的味道，同时，早期的使用者还伴有优越感。但它令他人深感不安。例如，一想到酒吧里旁边的人可以通过眨眼给自己拍照，你也会觉得毛骨悚然。在谷歌眼镜进入测试市场几周后，数十家酒吧和餐馆禁止其使用者入内，并将他们称为“眼镜混蛋”。作为一种大众化产品，谷歌眼镜一上市就夭折了。

谷歌眼镜虽然消失了，但增强现实没有。在某个案例中，它激发了一种革命性工具的产生，以帮助像托马斯·科伯恩（Thomas Coburn）这样的人。科伯恩当时 10 岁，是个早熟、邋遢的男孩，喜欢电子游戏和漫画。2017 年 12 月，当我遇见他时，他的 T 恤上印着穿圣诞老人服装的史努比的形象。科伯恩患有孤独症，非常害羞，不敢与他人进行眼神交流，还会一遍一遍地重复同样的动作。几年前，他甚至会舔舐嘴唇以至流血。

---

① 美国最大的点评网站。——译者注

科伯恩是在 8 岁时被确诊的，比大多数孩子要晚很多，部分原因是他面临的挑战太特殊了：他在说话、阅读和写作方面都没有问题，也并非没有情感，事实上，他可能会被自己的感受压倒，从而使性子和发脾气。科伯恩的母亲希瑟说科伯恩的“情绪显而易见”。尽管善于表达，但科伯恩确实有一种孤独症的典型特征：很难从他人的面部表情中辨别出情绪[20]。

对于科伯恩的诊断，希瑟感到难过，但更多的是失落。“我们之间仿佛脱节了，我们现在该怎么办？”几十年来，人们一直认为孤独症儿童什么都做不了。根据罗登贝瑞假说，共情是一种不可改变的特质，因此那些在共情方面存在障碍的人永远都无法得到改善[21]。汉斯·阿斯伯格（Hans Asperger）是“发现”孤独症的精神病学家之一，他也相信这一点。他曾写道，患有孤独症的儿童“在一生中肯定会经受失去与他人联结的痛苦”。

对孤独症患者和其他人来说，这种僵化的人性观都是错误的。在过去的 30 多年里，新的治疗方法帮助像科伯恩这样的孩子克服了困难。到目前为止，最流行的技术是应用行为分析（Applied Behavior Analysis，ABA），即通过分解行为来训练孩子。例如，刷牙应先准备牙膏；而注意某人则意味着面对他人，站着不动，也不抢着说话。应用行为分析治疗师一次次地与孤独症患者练习每一步，并给予相应的奖励。

该方法的支持者将应用行为分析比作技能训练。他们认为，对于没有孤独症的人来说，社交世界是自然而然地存在的，但孤独症患者要适应它就必须进行训练，就像为足球比赛或小提琴独奏会进行练习一样。应用行为分析的原则可以追溯到 B. F. 斯金纳（B. F. Skinner），他是一位著名但存在争议的心理学家，创立了“激进行为主义”理论。斯金纳用正强化训练鸽子做任何事：从原地打转到通过卫星图像控制导弹。

批评者则认为应用行为分析是一种粗糙的方法，相比于用在人身上，用在动物身上会更好[22]。但它确实产生了显著的效果，甚至“治愈”了一些有各种明显孤独症症状的儿童[23]。不过，这种方法需要大量的时间，通常每周需要 10 ～ 40 小时，收费标准是每小时 50 ～ 120 美元不等，这远远超出了大多数家庭的承受能力。虽然美国大多数州的私人保险公司和医疗补助现已覆盖应用行为分析的费用，但这并不能保证患者都能得到治疗。自 21 世纪初以来，被诊断为孤独症的儿童的数量增加了 1 倍多，平均每 68 名儿童中就有 1 名。但应用行为分析治疗师的数量却没有跟上，较贫困的家庭常常要等上好几年。

其他的孤独症疗法则没有引发如此激烈的争论。例如，像“读心术”（Mind Reading）这样的软件可以使社交互动游戏化。用户可以浏览与不同情绪相关的面孔、声音和故事，进行自我测试，试着区分不同的情绪，或发现新面孔的情绪。“读心术”和类似的程序[24]每周只需要花 2 小时，而且也确实能提高人们解读情绪的能力。但与电子游戏相比，现实世界中的共情更混乱，也更嘈杂，而且在学校或家里，这些程序往往无法帮助孤独症患者进行实际的社交互动。

因此，为了更好地帮助孤独症患者，共情训练需要更贴近日常生活，成为生活中的一部分则更好。斯坦福大学的工程师认为，增强现实技术能够实现这一目标。这一想法始于一名科技神童：卡塔兰·福斯（Catalin Voss）。福斯在德国长大，自称“苹果迷”。他攒钱买了一台早期的 iPod Touch，并开始修改它的编程语言，后来，iPod 游戏演变成了播客，为程序员提供了创建应用程序的技巧，并很快成了 iTunes 商店的第一名。当时福斯才 13 岁，正如他所说的：“在网上没人知道你的年龄。”福斯每周都能收到几份工作邀请，16 岁那年，他离开家去了硅谷。他进入斯坦福大学并创建了一家初创公司，之后聘请他的数学老师尼克·哈伯（Nick Haber）来公司工作。

两人一起开发了一款教育应用程序，以帮助评估学生在课堂上的兴趣水平。他们使用了一种名为“情感计算”（affective computing）的人工智能算法，可以根据人们的面部表情或声音，对其感受做出有根据的猜测，准确率为75% ～ 90%[25]。情感计算的迅速发展反映出它令人兴奋、有时甚至令人恐惧的潜力[26]。例如，广告商用它来测试商业广告和电影预告片能否激起消费者的欲望。5 年之后，手机可能会监测心情，标记出焦虑或抑郁的迹象。苹果公司最近收购了情感计算初创企业 Emotient①，人们猜测，它希望让 Siri 更加“人性化”。

福斯和尼克很快意识到，他们的面部跟踪技术不仅仅是一种教育工具。福斯回忆道：“我们当时正在开发一款软件，试图理解人的面部表情。我恰好认识一个人，他在理解人们认为理所当然的社会暗示方面很吃力。”这个人就是福斯的表弟戴维，他患有孤独症[27]。福斯意识到，通过将面部追踪器和谷歌眼镜结合起来，可以将情感计算应用到像戴维这样的人身上，给他们提供一个“作弊码”，让他们了解周围人的感受。然而，硅谷的投资者对此不屑一顾，他们认为孤独症治疗的市场规模太小。斯坦福大学医学院的儿科兼生物医学数据科学教授丹尼斯·沃尔（Dennis Wall）则甘愿为这个项目冒险。

福斯和哈伯创建了一个模型，沃尔的儿子进行了试用。这个模型虽然很笨重，且容易过热，但仍然很受欢迎。每当沃尔的儿子看着一张脸时，他的眼镜右上角就会出现一个绿色方框。当他前面的人微笑、皱眉或表达任何情绪时，眼镜会计算出那个人最可能的情绪，并实时地用一个表情符号投射出来，一会儿是愤怒的红色脸，一会儿是惊恐的黄色脸。效果是超现实的：一部分是终结者式的电子信息图表，另一部分则是头脑特工队式的情绪图标。

沃尔的儿子并没有孤独症。对他来说，眼镜上的情绪图标只是一些他自己

① 一家人工智能技术公司，致力于通过面部表情分析来判定人的情绪。——编者注

可以分辨的有趣但有些多余的情绪提示。不过，这项技术却给孤独症儿童带来了更多的希望。

2016 年，谷歌孤独症眼镜项目推出了第一项家庭试验。第一轮试验刚开始几天，福斯就收到了一位被试母亲的来信。她写到，她儿子在使用眼镜后与他人有了更多的眼神交流，他的老师也注意到了这种变化。“这简直就像转动了一个开关。谢谢你！我儿子正看着我的脸。”

谷歌眼镜团队与患者家属进行了密切合作，并根据他们的反馈修改平台。该项目的第一次试验包含科伯恩和他的家人以及其他 24 个人。2017 年夏天，科伯恩每周戴 3 次眼镜，每次约 20 分钟。这立刻加深了他对家庭成员情绪的理解。科伯恩有时只做最基本的家务，这激怒了他的母亲希瑟。戴上眼镜后，科伯恩抬头看了母亲一眼。希瑟记得科伯恩的回答：“他说，‘妈妈恼火了！’”

科伯恩用完孤独症眼镜仅几个月后，希瑟就发现自己吼叫的次数减少了，因为科伯恩能更快地理解她的沮丧情绪。试验进行了几周后，科伯恩的老师注意到，科伯恩与同学的关系更加融洽了，处理冲突的效率也更高了。斯坦福大学研究小组的初步结果表明[28]，使用孤独症眼镜后，孩子们能更好地理解他人的情绪了。谷歌眼镜团队现正对 50 个家庭进行更大规模的试验，期望能再现这一结果。

不过，孤独症眼镜的算法并不总是有效。比如，科伯恩的父亲留着浓密的胡须，眼镜常常无法捕捉到他的表情。但这个项目给了科伯恩的家人更多的机会来谈论自己的感受及其来源，它还教会了科伯恩的父母如何从儿子的角度看待自己。想象一下，当你在洗碗或试图让孩子整理床铺时，有一台摄像机正对着你。此时你可能会意识到，你看上去更生气。这就是发生在希瑟和她丈夫身上的事。她说道：“我们更加清楚地了解自己天生臭脸了，以及我们是如何在他人面前展现自己的。”

谷歌眼镜团队还创造了新的功能，能鼓励孤独症儿童和家人讨论情绪。如通过“父母回顾”App，家庭成员可以浏览眼镜记录的视频，用色彩编码来识别情绪剧烈波动的时刻。他们可以谈论在某人变得苦恼、高兴或无聊之前发生的事情，并在接下来的交流中使用起来。

福斯和他的团队希望，临床试验证据能促使谷歌眼镜成为可报销的、保险覆盖的孤独症治疗设备。谷歌眼镜由于太过未来派，也有些格格不入，因此依旧不受欢迎。我在硅谷的中心地带工作了 6 年，除了这个项目之外，还没见过有人戴谷歌眼镜。尽管如此，对成千上万缺乏孤独症服务的儿童来说，这项技术可能比应用行为分析等传统疗法更易获得，也更经济。

假如成功的话，谷歌眼镜将为孤独症的治疗带来新希望。孤独症眼镜不仅能训练孤独症孩子识别他人的情绪，也能教导其父母、兄弟姐妹、朋友和护理人员如何共同管理自己的情绪。

共情实践者

THE WAR FOR KINDNESS

随着技术的发展，我们可以更多地利用虚拟现实技术或创造更具场景化的条件让人们彼此接触和理解，用增强现实技术提升孤独症患者读取他人情绪的能力。技术将是我们赢得共情之战的重要法宝。

我正在进行一个大项目，我害怕自己不能按时完成。我总是心烦意乱，难免分心，会因自己没有取得进步感到生气，有时甚至到了恐慌的地步。此外，按时完成这个项目对养家糊口很重要，所以我觉得让家人失望了。

当初，我在 Facebook 的通信应用程序中输入了这段自白，因为当时本书的截稿日期马上到了。我觉得进度缓慢，开始害怕起来。我的大多数朋友和同事都不知道这回事。当有人问："书写得怎么样了？"我会表现得很自信——部分是为了不想听到抱怨，部分是为了撒个小谎。现在，我不再向老朋友敞开心扉，而是转向了 Koko，它是一个促进陌生人互相帮助的机器人。

计算程序会回答道："好的，谢谢你的分享。将其发送到 Koko 社区。几分钟后你将得到回复。"真的吗？真有陌生人在网络中的某处等着读到我的焦虑信息？他们会说些有用的话吗？我是不是应该写书而不是在网上发牢骚？

Koko 继续说："既然你在等待着，不妨试着帮助别人吧。"现在它更有意义了；我成了待命的工作者之一。我同意了，Koko 带我参加了一个共情倾听速成班。不要告诉别人该做什么，尊重他人的感受，试着帮助他人看到光明的一面。我被征召到 Koko 的助人团队，开始读分手留言和霸凌受害者的留言。留言的人似乎比我年轻，大多数 Koko 用户都是十几岁或二十出头的年轻人，这让我想起了自己在生命中被社会排斥的那段时间的感受，感觉当时的自己像被判了死刑一样。我努力鼓励他们，告诉他们事情总会变好的。这种感觉棒极了，与浪费时间的感觉截然相反。

"有人回复了你的帖子！"Koko 高兴地宣布。此时，距离我第一次发泄已经过去了 6 分钟。

> 你在进行一个大项目！你太棒了，太勇敢了。大项目虽然很艰难，但也很有意义。所以，难免会有让你分心和生气的事情。你的担忧表明你对家人很体贴。不为他人着想的人根本不会关心他人的感受。最后同你分享一件对我很有帮助的事：有时大脑需要分散一点注意力，而这也是大脑告诉我们需要暂停和休息的方式。

我被感动了。一个年龄可能只有我一半的陌生人写了这段富有洞察力且充满善意的留言。Koko 用户对彼此都是匿名的，并将保持这种状态，除了发送消息外没有其他联结方式，因此人们的对话会更加亲密，就像处在一个虚拟的小房间里。Koko 就像一个由人构成的巨大联结星座，它对社交网络持有不同的看法。它为人们提供了一个空间，在这里，人们可以展现自己脆弱的一面，而不再是自我夸耀；在这里，人们支持他人，而非报复他人；在这里，人们可以以新的方式看待他人。

Koko 的诞生源于其创造者决定运用陌生人的善意。2012 年，罗伯·莫里斯（Rob Morris）还是麻省理工学院情感计算小组的一名博士生，该小组研究的工具与福斯及谷歌眼镜团队使用的工具非常相似。莫里斯涉足了几个项目：能否帮助机器检测压力和焦虑，或者预测哪种类型的音乐能唤起听者强烈的情绪。但他一直没能取得多大的进展。“我在原地打转。”他回忆道。

长期以来，莫里斯一直在努力与抑郁做斗争。在剑桥市时，他深受抑郁的折磨。他发现剑桥这座城市又黑又冷，麻省理工学院非常严格，就连建筑也是如此。“每座建筑都像用手术刀切割而成。”莫里斯患有严重的偏头痛，服用的药物让他昏昏沉沉。他甚至觉得自己智力不足。“坐在我旁边的都是世界顶级工程师，而我坐在那里，却试图弄清楚如何编写基本的编程命令。”莫里斯不得不退学，但他对此毫不奇怪，只是何时退学的问题而已。

后来，莫里斯一时兴起加入了一群对“众包”感兴趣的计算机科学家。2005 年，亚马逊推出了“土耳其机器人”（MTurk）平台，它是一个在线市场，“请求者”发布被称为“人类智慧任务”（HITs）的简单任务，“工人”则通过完成这些任务获得报酬[29]。“人类智慧任务”往往平淡无奇，其中很多看起来像是人们进入网站前必须完成的验证码，“工人”需要识别图片中的数字、字母和物体。科学家利用这些信息来训练人工智能算法，让它们能更像人类一样工作。所以，在此使用人类“工人”的目的是让他们被淘汰。

在麻省理工学院，科学家以更有创造性的方式使用“人类智慧任务”，就像它是一种由人类精神能量组成的虚拟假体。莫里斯的一个朋友创建了一个众包编辑[30]的微软文字处理软件插件。作者如果想要删减文档内容，可以提出缩减的字数。他们的文档内容将被发送给“工人”，“工人”将找出无关紧要的词语，并进行简洁的重写。请求者可以在文档被缩减时实时进行查看。另一款App则允许视障人士拍摄文本的照片，这些照片将被发送给“土耳其机器人”，然后由“工人”转录，在几秒钟内即会被大声朗读出来。从表面上看，这些App看起来如魔术般神奇，但在后台，它们实际上包含了大量的人工算法。

就在此时，莫里斯顿悟了。在普林斯顿大学读本科时，他曾师从诺贝尔经济学奖得主丹尼尔·卡尼曼（Daniel Kahneman）。卡尼曼在毕生职业生涯都在探索人类的非理性行为。卡尼曼告诉莫里斯，人的思想和感情经常包含曲解和错误，用计算机科学术语来说就是漏洞。莫里斯知道，他的沮丧反映出自己存在类似的漏洞。在一项任务失败后，他会觉得自己毫无价值，好像他永远完不成任何事情一样。这种曲解在精神病患者中很常见，他们通常会接受认知行为治疗（cognitive behavioral therapy，CBT）。认知行为治疗师会帮助人们重新思考问题，让人们意识到自己何时将问题夸大了。网络平台也允许人们进行认知行为疗法练习。

这两种方法莫里斯都试过，但效果均有限。他回忆道：“认知行为疗法最难的是，在你的思维最受损害时，你试图与自己的想法搏斗。”这就像试图利用存在问题的代码来解决程序问题一样。在了解众包的过程中，莫里斯意识到他不需要独自对抗悲伤和恐惧。他想：“天哪，我可以把自己的想法发送出去，让几十个人来解决。”

长久以来，对那些朋友和邻居可能无法理解自己痛苦的人而言，网络一直是个避风港湾。不妨考虑一些有关罕见病的悖论，比如囊性纤维化或重症肌无力。虽然每种疾病的发生率不到千分之一，但类似的疾病有数百种。这意味着每 10 个人中就有一人患有某种罕见的健康问题，而他们周围的人却没有。数以百万计的人转向了网络社区[31]，比如 Facebook 群组。患者会在网络社区分享症状控制、与保险公司打交道以及探索新疗法的技巧。更重要的是，网络社区成了人们相互共情和相互理解的源泉。那些感到孤独、觉得被他人评头论足或只是“与众不同”的罕见病患者，从那些他们永远不会见面的人身上找到了安慰。

几乎任何有不同寻常的偏好、爱好或经历的人，在多年前都可能会觉得自己“怪异”，现在却可以在网上找到相应的社区。全美运动汽车竞赛协会赛车手、针织发烧友、慢性疲劳症患者和跨性别青年都支持着自己所属的社区。他们基于共同经验的共情既强大又与众不同。

看到同事们借助土耳其机器人所做的事情后，莫里斯意识到，他可以将这种网络式的善良扩展到其他领域，这样每个人都可以从中受益。于是，他拼凑出了一个不同寻常的“人类智慧任务”。“工人”将首先了解常见的精神疾病，如抑郁症。然后，他们会阅读莫里斯的内心独白，试图找出其中的问题所在，并以更积极的视角对他的处境进行重新定义。一天深夜，莫里斯像往常一样写下了他的焦虑：我是个白痴；我不适合待在麻省理工学院；我很快就要辍学，且身无分文。这一次，他将它们发送到了网络上。每隔几秒钟他就刷新一次页面，不知道将会发生什么。

几分钟后，回复蜂拥而至，它们比莫里斯希望看到的更加深思熟虑。“工人”给了莫里斯思考自己感受的新方法，乐观且务实。“这样的感觉真好。一些陌生人能够打开我的心门，进入这个非常私人的空间，并为我清理一些东西。”他感动得流下眼泪。此外，那天晚上还发生了其他事情。在每个“人类智慧任务”结束时，“工人”通常会留下评论，通常是指出技术问题，或者抱怨工作无聊、报酬过低。但在解决了莫里斯的问题后，“工人”却开始变得精力充沛。他们感谢莫里斯提供了这个机会，并愿意免费进行更多这类任务。

莫里斯曾认为“人类智慧任务”是一种私人工具，通过它他可以用金钱来换取帮助以改善自己的想法。早先，他想自己或许会与几个朋友一起分享这个工具。“他们可以把硬币放进机器里，出来的这些美妙反应会让人感到振奋。”但实际上，他挖了一口深井，里面不仅充满了集体智慧，还充满了集体善良。

今天，在 Instagram 上搜索“抑郁”，会得到 1 300 多万个结果；搜索“自杀”则会得到接近 700 万个结果。正如莫里斯所说，在任何时候，人们都可以在各类社交媒体上发现“无尽的痛苦”。许许多多的人，其中大多是年轻、困惑且孤独的人，都可以从认知行为疗法中获得好处，但却无法负担相应的费用或者根本没听说过。不过，他们中的许多人都觉得，仅仅在网上向陌生人倾诉自己的痛苦就可以感到些许舒服。同样的匿名性，既能为“怪物”提供掩护来实施残忍行为，也能给许多人展现脆弱的许可。

莫里斯意识到，全世界的人都需要帮助，也都想帮助他人，他可以将人们都联系起来。“气氛很火爆。”他回忆道。在经历了“几年可怕的痛苦”来构建平台之后，它已经准备好了，莫里斯开始对它进行测试。他招募了一些助人者，并像以前一样对他们进行基础的认知行为疗法培训。之后，他们开始练习给有需要的人写回复。另一组独立的工作人员对他们的回复进行评估。结果表明，短短几分钟的训练就能提高助人者的共情能力[32]。

接下来，莫里斯向抑郁症患者开放了这一平台。抑郁症患者每周会写约 25 分钟的自我感受，持续 6 周。然后，他们要么与助人者分享这些内容，要么自己保密。到最后，这两组人经历的抑郁都较少[33]。我们都知道，表达性写作可以改善心理健康，但在这一测试中，与助人者互动的患者表现出了更强的反思问题的能力。

当然，助人者在帮助他人解决问题的过程中也会获益。莫里斯注意到，第一位登录平台的是一位严重抑郁的年轻女性。她的第一篇文章不仅措辞严厉，而且写得很糟糕，毫无条理，仿佛她的头脑被迷雾笼罩一样。等到她去帮助别人时，突然间，她的文笔变得精辟优美起来。“就好像是两个不同的人。”

通常，我们倾向于认为，善良就是以牺牲自己为代价来造福他人。助人者需要忍受痛苦，这样他人就不会受到太大的伤害，比如加州大学旧金山分校重症加强护理病房的医护人员，或那些由于照顾孩子而日渐衰弱的共情能力强的父母。然而，在其他时候，助人者可以通过给予他人帮助而获得好处。慷慨的付出会使助人者感到心满意足[34]，使其感受到的压力减少，甚至会延长老年志愿者的寿命。我和同事发现，当助人者与表达善意的对象产生共情时，情况尤其如此[35]。

莫里斯的平台为人们提供了从共情中获益的另一种方式。当分手或负面评价发生在自己身上时，人们的感觉就像世界末日到来了一样。而当这种事发生在他人身上时，人们则容易想象事情可能会变好。这正是莫里斯的助人者发现的。通过重新思考彼此的经历，人们变得更能与他人共情[36]。之后，如果人们遇到了同样的问题，就能够将新的、更有希望的视角转回到自己身上。

2011 年，莫里斯与弗雷泽·凯尔顿（Fraser Kelton）和卡里姆·库杜斯（Kareem Kouddous）合作，将学术项目发展成了 Koko。如今，Koko 程序已经在十几个大型社交网络上常驻，包括 Facebook 和 Twitter，以及深受美国青少年喜爱的即时通信应用程序 Kik。现在，约有 100 万人在使用这一程序。当然，并不是每个注册 Koko 的人都有良好的意愿，有 10% ～ 20% 的回复并没有帮助，甚至带有侮辱性，但这些回复都不会产生危害。一般的社交网络都会出现公共信息推送、虚拟替身和网络论战，而 Koko 则是一个庞大的对话网络，每个对话都只有两种情形：一种是自我表露，一种是尝试帮助。莫里斯和 Koko 团队将人工智能和人类智慧结合起来，用于识别负面信息，并将其从实时对话中提取出来。“怪物”们可以随心所欲地吐出毒液，但他们不知道的是，毒液会在人与人之间的网络空间中蒸发，永远到达不了预设的目标对象[37]。

就社交网络依赖的原始流量而言，残忍是一种可靠的燃料，能推动消息的广泛传播。Koko 利用了如下这个想法，即支持性的私人互动可能与充满愤怒的公共互动一样，都会令人上瘾。匿名性会增加善良的难度，但 Koko 却用它为陌生人之间真正的共情铺平了道路。

这在很大程度上取决于其他科技公司是否会效仿，比如 Facebook 公司曾鼓励员工“快速行动，破除陈规”。到目前为止，他们已经破除了很多陈规。技术曾经将我们分开，但也为我们的汇聚创造了新的机会。我们使用技术的方式，将决定未来几十年共情的命运。

共情实践者
THE WAR FOR KINDNESS

利用社交网络的强大功能来帮助全世界的人彼此共情，用技术摒除匿名可能带来的恶意，将更多陌生人的善意保留并传播出去，这一应用可能会决定未来几十年共情的命运。

结　语

共情的未来

1944年6月，乔治·巴顿将军被任命为美国第三集团军的指挥官。这是一支由经验不足的士兵组成的队伍，很快将在被纳粹占领的法国作战。在一系列传奇性的演讲中[1]，巴顿试图鞭策他的士兵，直到他们忘记恐惧，或者至少假装忘记。巴顿头戴一顶闪闪发光的头盔，腰间配有一把象牙手柄的麦格农手枪。他谈到了勇敢、责任、团队合作、对敌人的仇恨和任何能激励士兵战斗并取得胜利的东西。他夸夸其谈，且十分粗鲁，以至于1970年的传记电影《巴顿将军》不得不对他的语言进行大力的粉饰。巴顿曾告诫他的部队要进一步思考：

> 30年后，当你们坐在炉火旁，你们的孙子坐在你的膝盖上问你："你在第二次世界大战中做了什么？"你们不必咳嗽着回答说："你爷爷我在路易斯安那州铲过屎。"这不是你们想要的，同志们。你们可以直视着他们的眼睛说："我的孙子，你爷爷曾与伟大的美国第三集团军和该死的乔治·巴顿一起服役过！"

在本书中，我带领大家参观了共情的战场，见证了推动我们走向仇恨和冷漠的力量，也见证了人们对它们的反击。许多人已经赢得了胜利，战胜了彼此的疏远、恶劣的文化，甚至真正的战争，恢复了自己的人性并发现了他人的人性。但我们现在正在进行的战争要严肃得多。共情是我们留给后代的遗产，而他们必将生活在我们身后的世界中。

那么，我们怎样才配成为他们的先辈呢？这个问题吸引了阿里·沃勒克（Ari Wallach）的注意。作为企业、政府兼非政府组织的顾问，沃勒克注意到，他的客户关注的时间范围越来越短。曾向他寻求未来 20 年计划的组织，现在只想谈未来 6 个月的计划。

在沃尔特·米歇尔（Walter Mischel）的标志性研究①中[2]，孩子们在等待两块棉花糖，而不是冲动地吃掉一块棉花糖时，会遇到麻烦。沃勒克称之为“单一棉花糖思维”。这种思维在童年后并不会停止。例如，成年人也会发现很难在甘蓝菜和汉堡之间选择，或者在退休储蓄和信用卡消费之间选择。公司通常会专注于季度收益，结果损害了长期效益。

这种短期思维并不总是非理性的。对那些不相信未来的棉花糖承诺的孩子来说，明智的做法是立即吃掉一块棉花糖，而不是等待。[3]而如果我们在未来 20 年里将彼此撕成碎片，那么规划未来 2 000 年就毫无意义了。人类面临着许多生存威胁，如气候变化、水资源短缺、人口过剩等，它们的增长速度越来越慢。这些威胁可能不会对我们这代人产生影响，但将会影响我们的孙辈和

---

① 沃尔特·米歇尔的这一标志性研究即“棉花糖实验”（The Marshmallow Test），米歇尔也因此被称为“棉花糖实验之父”，是延迟满足和自我控制研究的鼻祖。在同名著作《棉花糖实验》中，米歇尔为读者展示了近 50 年的相关研究。该书中文简体字版已由湛庐策划、北京联合出版公司出版。——编者注

他们的生活。我们在保护后代方面之所以做得相当不足，部分原因是我们很难想象他们的生活[4]。

在本书中，我表达了这样的愿望：人们可以扩大自己的关怀范围，将全人类都包括在内。要保护我们的未来，就需要进一步扩展它，不仅要跨越空间，还要跨越时间。于是，一项被称为“有效利他主义”（effective altruism，EA）新运动的核心任务就此建立了。有效利他主义者将道德变成数学，通过计算来确定每个人如何能对世界产生最大可能的积极影响。他们对未来思考良多。哲学家尼克·波斯特洛姆（Nick Bostrom）写到，如果地球不发生灾难，人类应该能再生存10亿年[5]。如果他是对的，那么在这段时间里，地球将会成为1 000亿人的家园。未来人类的数量将是现在地球上人数的100万倍。根据有效利他主义者的观点，我们应该更多地关心未来的人类，而不是自己。

不过，与那些还活着但与我们疏远或不同的人共情，已经够艰难了，我们怎么能去关心那些我们永远不会认识的、假想的人呢？彼得·辛格建议我们将情绪排除在外[6]。他写到，有效利他主义者“不会把钱花在任何牵动他们心弦的事业上，他们只会把钱捐给最有益的事业”。

《摆脱共情》一书的作者布卢姆的观点则更有说服力。他认为，共情会阻止我们关心未来，因为它只为此时此地而生。对于气候变化问题，布卢姆写道：“共情倾向于无所事事。如果你真的采取行动，那么许多可识别的受害者——我们可以与之共情的真实的人，都将受到油价上涨、企业倒闭、税收增加等状况的伤害。相比之下，由于我们目前的不作为，在未来某个不确定的日子里，将有数百万或数十亿人遭受相应的后果，但这些数字也只是苍白的统计抽象概念而已。”[7]但正如我在本书中提到的，我们有能力做得更多。我们可以选择共情，对自己的后代有更真实的感受，让他们的幸福变得更迫切。

这就是沃勒克下的赌注。2013 年，沃勒克创立了长路实验室（Longpath Labs），致力于培养可持续思维。他与包括我在内的心理学家合作，鼓励代际的共情。他的一些技巧与本书中提到的类似。在最近的一次研讨会上，沃勒克要求人们介绍自己的曾曾孙，让他们花时间写下后代的生活。“他们叫什么名字？从事什么样的职业？有着什么样的性格特征？有着怎样的目标？他们又会面临什么样的问题？”

沃勒克还要求人们思考过去，想想先辈曾为我们做出的牺牲。**心理学家大卫·德斯迪诺已经证明，感恩可以防止短期思维**[8]。在一项研究中，德斯迪诺和他的同事要求人们回忆一件让自己产生感激之情的事情，或者回忆一件让自己感到快乐的事情。然后，在成人版的棉花糖实验中，人们将在“现在拿一小笔钱”和“以后拿更多钱”之间做出选择。那些回忆起感激之事的人做出了更慎重的决定，即选择了后者。

这种影响可以跨越代际进而广泛传播。在另一项研究中，人们了解到某家公司在几十年前限制捕鱼，以便今天能获得更多的资源。之后，人们更愿意牺牲自己的成功来造福他人[9]，这是一种跨越了时间的黄金法则。当然，我们有理由不用对过去的几代人心存感激，因为他们遗留下了偏执或债务。但也存在无数人或大规模群体的事例，其中，先辈们为创造一个更美好的世界而努力奋斗乃至流血牺牲。如果提醒自己这些前人做出的选择，我们可能会从中受到启发，并为后代做同样的事情。

另一种有助于培养长期思维的感受是敬畏，这是一种对宏大事物的体验，它会打断我们对日常的关注。卡尔·萨根（Carl Sagan）在他的文章《暗淡蓝点》（*Pale Blue Dot*）中，向读者展示了一幅由旅行者 1 号在 1990 年情人节从太空中拍摄到的地球图像。三条粒状的条纹划破黑暗，其中一条点缀着一个微小的亮斑。萨根写道：

再看看那个光点，它就在这里。那是我们的家园，我们的一切。在这个小点上，每个你爱的人、每个你认识的人、每个你曾经听说过的人，以及每个曾经存在过的人，都度过了他们的一生。这里集合了一切欢乐与痛苦，在人类历史上，成千上万自以为是的宗教、意识形态和经济学说，所有猎人和强盗，所有英雄和懦夫，所有文明的创造者与毁灭者，所有国王与农夫，所有热恋中的年轻情侣，所有父母、充满希望的孩子、发明家和探险者，所有精神导师，所有贪腐政客，所有“超级巨星”，所有“至高领袖”，所有圣人与罪人，从人类这一种族存在的第一天起，都住在这里——一粒悬浮在阳光中的微尘。

面对浩瀚无垠的宇宙[10]，人类对自身的担忧变得微不足道。这虽是一种可怕的领悟，但它也有助于同自私做斗争。心理学家通过向人们展示巨大的事物来引起人们的敬畏，如高耸的红木林、喜马拉雅山的天际线、银河系、地球广阔的远景等。随后，人们会觉得自己变渺小了，同时与其他人联系得也更紧密了[11]，对他人的行为也变得更慷慨了。

时间的浩瀚无垠并不会减弱它的影响。在法国南部，考古学家发现了新石器时代的黄金珠子——4 000 年前刻有复杂的条纹和螺旋图案的小珠子。触摸其中的一颗珠子，我们可能会想象出在百代之前的制作人，以及从今往后的百代将持有它的人。我们是人类巨大链条上的一环，记住这一点可能会让我们倾向于思考整个人类的未来。

当然，我们不会成为那个未来的一部分。思考遥远世代的人类也意味着我们需要面对自己的死亡，这是一种令人不快的经历，会将我们带到一些黑暗之地。研究“恐惧管理”的心理学家会通过写自己关于死亡的感受等方式来迫使人们凝视虚无。体验到焦虑时[12]，人们会寻求任何让自己感到安全的事物，包括来自所属团体的安慰。人们会对极端主义宣传表现出更大的兴趣，也会对群外人变得更有敌意。

但是，关于死亡的对话并不一定要以恐惧作为始末，甚至都不用提到死亡。撇开来生的问题不谈，我们都活在自己留下的遗产中，这种想法本身就能促使我们帮助后代。不妨想想阿尔弗雷德·诺贝尔（Alfred Nobel）。在当时，诺贝尔是一名多产的军火商人，发明了炸药并为数百种炸药申请了专利。1888年，诺贝尔的兄弟卢德维格去世了。后来，据说一家法国报纸收到了一条错误信息，说是诺贝尔本人去世了，于是提前发布了他的讣告。诺贝尔对此感到不安，于是他利用自己的大部分财产（以如今的美元计算，约 2.5 亿美元）创立了诺贝尔奖，从此永远地改变自己的遗产。

沃勒克发现，这正是建立长期思维的关键。在他的工作室里，人们会写下自己的悼词[13]。沃勒克在最近的一次谈话中说："试着超越自己的生活，如果你能做到的话，那么你做的事情将会比你想象的更宏大。"

共情，其古老的形式是建立在自我保护的基础之上的。我们关心自己的孩子，因为他们携带着我们的基因；我们关心自己的部落，因为它能提供食物、性和安全感。对未来的担忧，会与我们的达尔文式本能冲动背道而驰。但我们仍有办法来培养这种担忧。如果我们能做到的话，我们就能及时地将共情转化为更强大、更持久的东西。

以一种不那么刻意的方式生活很简单。建立一种新的共情则需要努力和牺牲，因为人们可能不会因此得到回报。面对不断升级的残忍和孤立，我们正为道德生活而战。简单的事情罕有太大的价值，而在当下，这种事情甚至充满危险。我们每个人都有自己的选择，所有人选择的总和将创造未来。

那么，你将会怎么做呢？

致　谢

从高中开始我就想写一本书。这么多年来，我一直在思考写作的过程，不过，我对写作进展方式的判断大错特错。我原本认为写书将是一段孤独的旅程：在精神层面进行长途跋涉，一直走到密林深处。但实际上正好相反，写作让我结识了几十位新朋友，也加深了我与许多老朋友的联系。正是他们成就了这本书。

感谢本书中提及的受访者抽时间接受我的采访并允许我分享他们个人的痛苦故事，他们分别是：罗恩·哈维夫、埃德·卡希、托尼·麦卡利尔、埃米尔·布鲁诺、安吉拉·金、萨米·兰格尔、斯蒂芬妮·霍姆斯；奥莉、艾拉、塔利娅·戈尔茨坦、贝齐·利维·帕鲁克、鲍勃·韦克斯勒、鲍勃·凯恩、莉兹·罗杰斯、梅莉萨·利博维茨和其他员工及其家人；阿尔伯特·吴、伊芙·埃克曼、苏·拉赫尔、乔·温特斯；贾森·奥科诺夫、卡塔兰·福斯、尼克·哈伯、丹尼斯·沃尔；还有希瑟和她儿子托马斯·科伯恩，罗伯·莫里斯和阿里·沃勒克。

本书让我接触了无数我以前不了解的事情。许多研究人员和学者慷慨地给予我回复，我对此深表感谢，他们分别是：安东尼·巴克、西蒙·巴伦-科恩（Simon Baron-Cohen）、丹尼尔·巴特森、达里尔·卡梅伦（Daryl Cameron）、戴维·卡鲁索（David Caruso）、马克·戴维斯（Mark Davis）、莉萨·费尔德曼·巴雷特（Lisa Feldman Barrett）、亚当·加林斯基（Adam Galinsky）、贾斯廷·加德纳（Justin Gardner）、亚当·格兰特（Adam Grant）、丹尼尔·格林（Daniel Grühn）、伊莱恩·哈特菲尔德（Elaine Hatfield）、克里斯蒂安·凯泽斯（Christian Keysers）、萨拉·康拉特（Sara Konrath）、努尔·卡特里（Nour Kteily）、弗朗索瓦丝·马蒂厄（Françoise Mathieu）、布伦特·罗伯茨（Brent Roberts）、罗伯特·萨波尔斯基（Robert Sapolsky）、史蒂夫·西尔贝曼（Steve Silberman）、塔妮娅·辛格、琳达·斯克卡（Linda Skitka）、桑贾伊·斯里瓦斯塔瓦（Sanjay Srivastava）、玛雅·塔米尔、索菲·特拉瓦尔特（Sophie Trawalter）、乔安娜·瓦尔德哈特（Johanna Voldhardht）和罗伯特·惠特克（Robert Whitaker）。

还要感谢一些朋友提供了宝贵的意见，他们分别是：劳伦·阿特拉斯（Lauren Atlas）、米娜·斯卡拉（Mina Cikara）、詹姆斯·格罗斯、约塔姆·海涅贝格（Yotam Heineberg）、伊桑·克罗斯（Ethan Kross）、亚当·韦茨（Adam Waytz）和罗布·维勒（Robb Willer）。麦克斯·索恩（Max Thorn）帮助进行了事实核查。此外，与卡丽·莱博维茨（Kari Leibowitz）一起工作令人愉快，她是附录中证据评估部分所涉及领域的先驱，并为本书其他章节提供了有思想深度的评论。

科学是一项团队任务，多年来，我一直与杰出且一直支持我的合作者共同工作，并从中受益匪浅。我在书中提到的共同作者有杰里米·拜伦森、尼尔·博尔杰（Niall Bolger）、卡罗尔·德韦克、瓦莱里娅·加佐拉（Valeria Gazzola）、费尔南达·埃雷拉（Fernanda Herrera）、马修·杰克逊（Matthew

Jackson)、布赖恩·克努森(Brian Knutson)、伊诺·李(Ihno Lee)、马特·利伯曼(Matt Lieberman)、詹森·米切尔(Jason Mitchell)、马修·萨凯特(Matthew Sacchet)、卡琳娜·舒曼(Karina Schumman)、托尔·韦杰(Tor Wager)和约亨·韦伯(Jochen Weber)。还要感谢我的研究生导师凯文·奥克斯纳(Kevin Ochsner)给我提供的机会,虽然当时我的研究经验很少,本科成绩不佳,且对共情和大脑的认识也是一知半解。他的智慧和友谊一直都令我受益。

我很荣幸能够在自己的研究所里为富有激情和创造力的年轻科学家提供一些建议。我要感谢斯坦福大学社会神经科学实验室中所有的成员,感谢他们的灵感和辛勤工作,尤其是莫莉·阿恩(Molly Arnn)、瑞安·卡尔森(Ryan Carlson)、鲁沙·马卡蒂(Rucha Makati)、西尔维娅·莫雷利(Sylvia Morelli)、埃里克·努克(Erik Nook)、德斯蒙德·温(Desmond Ong)、艾玛·坦普尔顿(Emma Templeton)、戴安娜·塔米尔(Diana Tamir)和埃丽卡·魏斯,他们的研究成果也包含在本书中。魏斯应该会特别认可本书中有关建立共情的干预措施的内容,这也是她的学位论文的核心内容。

感谢塞思·菲什曼(Seth Fishman),他是我的文学经纪人,也是我10多年的老朋友。几年前,当我决定涉足非学术写作时,他慷慨地表示愿意做我的向导。他教我如何向杂志投稿,阅读了我认为质量不错的所有作品,并向我展示了如何让它们发挥真正的作用。当我为本书背后的思想作准备时,塞思很早就开始帮助我了,而且他的确是一位值得信赖而又可靠的顾问。他还向我介绍了皇冠出版社(Crown Publishing)的一个了不起的团队,对此我永远心存感激。

感谢扎卡里·菲利普斯(Zachary Phillips)在整个过程中为我提供了快速且及时的支持。梅根·豪泽(Meghan Houser)在最后阶段进行了多次细致阅读，并提供了宝贵的反馈，使得本书顺利完成。她还鼓励我多写一些关于《星际迷航》的文章，我当然不会拒绝。也非常感谢彭妮·西蒙（Penny Simon）、莫莉·斯特恩（Molly Stern）、凯瑟琳·昆兰（Kathleen Quinlan）和安斯利·罗斯纳（Annsley Rosner）的倾情支持。

编辑阿曼达·库克（Amanda Cook）对本书的写作和我自己都产生了巨大的影响，她帮助我从最初的想法中构思出了一本更深刻、更有意义的书。在我出师不利、神经质的爆发、过度思考或思维混乱之际，她都表现出了非凡的耐心。她是一个很坚定的人，充满自信且始终富有同情心，可以说是我这次冒险中的最佳合作伙伴。没有她，这本书就不会顺利完成。

另外，还要感谢卢克·肯尼迪（Luke Kennedy），他是我在大学三年级的一次聚会上认识的。从那以后，他就成了我最亲近的好兄弟。他是一个坚定的伙伴和杰出的参谋，随时准备提出任何想法。虽然他既不是学者，也不是作家，但这些年来，我们之间的数百次对话几乎影响了我所有的思考。

非常感谢我的父母，还有我的继母，他们与我一同经历了无数的风风雨雨，感谢他们对我的支持。

在女儿阿尔玛出生一周后，趁她睡得迷迷糊糊之际，我开始写这本书。阿尔玛和她的妹妹路易莎为此也付出了很多。

我的妻子兰登为此牺牲甚多。当时，我们已经有了一个刚出生的孩子，后来又有了一个！家庭压力大增。兰登花了大量的精力为我腾出空间，与此同时，她一直鼓励我克服自己的疑虑和消沉。所以，我将这本书奉献给她。兰登也是一位鼓舞人心的心理学家，即将开展激动人心的项目。我为她奉上最好的祝愿！

共情包括哪些内容

大多数人都自认为知道共情是什么，但当使用它的时候，人们经常说的其实是不同的事物。几十年来，心理学家一直在争论共情的定义，有时甚至相当激烈[1]。尽管在细节上一直争论不休，但大多数研究人员的观点从整体上来说是一致的，尤其是关于共情并非某种单一的事物这一点。**共情被视为一个总括性的术语，它描述的是人们对他人做出反应的多种方式，包括分享、思考和关怀他人的感受**，如下所示[2,3]。

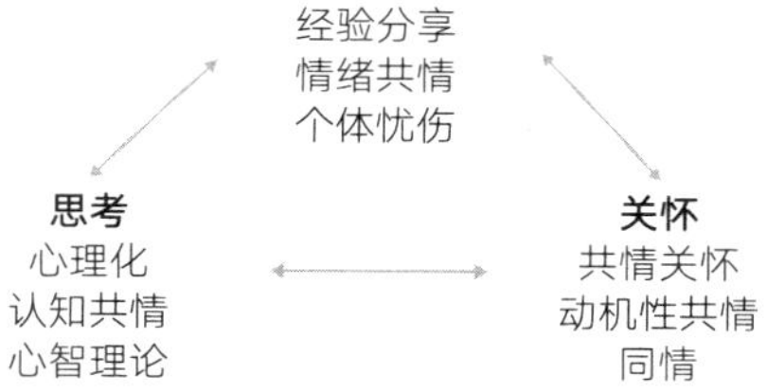

接下来，我们一一进行讨论。假设你是一名大四的学生，正与一位好友一起去他家。正要进门时，你的朋友查看了一下邮箱，然后就僵住了。他感叹道："天哪，终于来了！"原来是大学申请的回复。你的朋友坚持不懈地努力了3年，希望进入某所医学院。从申请到现在，他已经与你谈过几十次了，他时而焦虑，时而充满希望，或者二者兼而有之。你们俩赶紧进屋。当他打开信封后，他的脸开始扭曲。你探身过去，不确定他是欣喜若狂还是心烦意乱。显然，他不是喜极而泣。

分享

当朋友陷入困境时，你可能会皱眉、变得消沉甚至忧心忡忡。你的心情可能会变得很低落。这就是研究人员所说的经验分享：人们会间接地承受在他人身上观察到的情绪。经验分享很普遍：人们都会"捕捉"彼此的面部表情、身体压力和情绪状态，既有消极的，也有积极的。大脑会对彼此的痛苦和快乐做出反应，就好像自己正在经历这些状态一样。

经验分享是人类消除自我与他人之间界限的最靠谱的方法。它是共情最重要的组成部分[4]。经验分享在进化上很古老，同样出现在猴子、老鼠甚至鹅等动物身上。婴儿在很小的时候就开始模仿他人的哭声，并分担母亲的痛苦。它发生得很迅速。当你看到朋友做鬼脸时，你可能会在几分之一秒内模仿他的面部表情，而你的大脑中与疼痛相关的区域可能也会快速地做出反应。

经验分享也是共情科学的基础。甚至在"共情"这个词出现之前，亚当·斯密等哲学家就已经使用与经验分享紧密匹配的方式描述了"同情"（sympathy）或者说"同伴情感"（fellow feeling）。例如，亚当·斯密写道[5]："正是借由设想和受难者易地而处，我们才会对他的感受有所感知，他的感受也才会影响我们。"从心理学中的"情绪感染"到神经科学中的"大脑镜像"，经验分享一直是最为人熟知的共情组成部分。

思考

当你分享朋友的痛苦时，你也创造了他内在心理活动的画面：他有多沮丧？他在想什么？他要做什么？要回答这些问题，你得像侦探一样思考，收集有关他的行为和状况的证据，以此推断出他的感受。这种认知性的共情被称为“心理化”[6]，即明确地思考他人的观点。心理化是读心术的日常版本，比经验分享更为复杂。它需要认知能力，而大多数动物并不具备这样的能力，因而在进化过程中出现得较晚。虽然孩子很早就学会了经验分享，但他们需要花更长的时间来磨砺自己的心理化技能。

关怀

当朋友哭泣时，如果你只是在他身边坐下来，感到难受，并思考他的想法，那么你可能并不是一个好朋友。如果你希望他的情绪好一些，并为了让他好起来而制订计划，这就是研究人员所谓的“共情关怀”，即提升他人幸福的动机。这是激发善良行为最可靠的共情组成部分。尽管情形有所改变，但相比于心理化或经验分享，西方的研究人员对共情关怀的关注依然较少[7]。

分裂与联系

经验分享、心理化和共情关怀以各种有趣的方式分裂开来。例如，当我们无法分享他人的经验时，心理化最有用。要想知道为什么一个你不“粉”的团体的粉丝会做出某种疯狂行为，你必须了解他们的情感世界和你的情感世界之间存在差异[8]。彼此之所以不能相互理解，往往是因为人们会错误地将自己的知识或优先事项同他人联系在一起。

不同的共情过程会激活不同的大脑系统，并在不同的时刻产生作用[9]。打牌和拳击比赛都需要敏锐的心理化能力：对手知道什么？他的下一步行动是什么？共情关怀显然对此无益。为人父母则恰恰相反：父母可能永远不会明白孩子为什么会中途崩溃，但他们仍然必须尽己所能地去帮助孩子。不同的人也会有不同的共情世界。急诊室的医生很可能对患者非常关心，但如果他也承担了患者的痛苦，就无法好好工作了。孤独症谱系障碍患者有时会在心理化方面遇到困难，但他们仍然会分享和关心他人的感受。精神病患者的情况则恰恰相反[10]：他们完全能够说出他人的感受，但却不会受到他人痛苦的影响。

尽管存在这些区别，但共情的不同组成部分也紧密地交织在一起。分享他人的情绪会将人们的注意力引向他人的感受，对他人的思考会显著增加人们对他人福祉的关怀[11]。尽管方式不同，但这三种共情过程都能促进善良[12]。灵长类动物学家弗朗斯·德瓦尔（Frans de Waal）在他的“俄罗斯套娃模型”[13]中很好地描述了这一点。在他看来，经验分享的原始过程是最核心的：将他人的痛苦转化为自己的痛苦会让人们产生阻止痛苦的冲动。更新的、更复杂的共情形式建立在此之上，进而产生更广泛的善良。通过心理化，人们会形成一幅细致入微的图景，不仅包括对他人的感受，还包括对他人为什么会有此类感受的理解，以及更重要的——什么能让他们感觉更好。这一过程会激发更深层的关怀，一种不仅关注自身不适且会真正关心他人的反应。彼得·辛格在《不断扩展的圈子》一书中描述的全球善良，正是这种关怀的进一步延伸：它不是针对任何个人，而是针对整个人类[14]。

运用共情，一次一种

本书的重点是在共情被侵蚀削弱之时，如何重建它。确定不同的共情组成部分有助于研究人员诊断出问题所在，并找到最有效的解决方案。麻木不仁可能源于考虑不周：人们之所以忽视无家可归者的痛苦，是因为人们根本无法考虑他们的经历。在这种情况下，有效的干预措施可能侧重于鼓励心理化，例如，通过换位思考或虚拟现实进行训练。在冲突面前，人们可能会对敌人想得很多，却并不关心他们的福祉，甚至可能希望他们受苦。联结，尤其是跨群体的友谊，可以改变这种状况。医疗专业人员等出现的职业倦怠，通常是由于过多的经验分享所致。在所有这些情况下，要想了解该如何运用共情，前提是要先理解共情为何物。

本书科学证据评估体系

在以往不同的时期，科学文献曾证实太阳围绕地球转，原子是宇宙中最小的粒子，人类的灵魂可能位于松果体中。而当真实情况出现时，科学方法使得这些“事实”得以被重写。正是这种活力以及随之而来的谦逊，赋予了科学以力量。科学不是一组事实，而是一个预测、检验和反思的过程。它足够鲜活。

在本书中，我回顾了关于强化和削弱人类共情及善良力量的科学证据。这些证据大多来自心理学领域。在过去的几年里，一些引人注目的心理学发现被证明并不像它们当初看起来那么有理有据[1]。类似的质疑也出现在政治学、经济学、生物学和医学等研究中。心理学家利用这个机会来巩固研究方法，使得研究过程更加透明，并对已知和未知进行了明确。

本着这种精神，读者应该有方法对本书中提出的观点进行进一步的评估。本书中的一些观点来自几十年来高度一致的研究的支持，还有一些观点是最近一段时间首次发表的全新见解。对于这些新发现，我无法确切地知道它们在几年后究竟如何。

本附录旨在表明本书中各种观点背后有着强而有力的证据。为了得出结论，我的同事卡丽·莱博维茨先在每章中收集了关键观点的独立证据，并将每个观点的证据支持强度按 5（最强）到 1（最弱）进行评级。然后，她与我一起讨论，检查是否有所遗漏，最终在所有问题上达成一致。如果莱博维茨和我认为某一观点得到的支持很微弱，我会将其删除，或者澄清其暂定的性质。换句话说，本附录不只是用于评估本书中的内容，它在我撰写本书的过程中也发挥了作用。

评估系统

每项观点的评级由两三部分组成：

1. 从本书中得出的观点摘要；
2. 采用 1 ～ 5 的评级（从弱到强）；
3. 评级背后推理的简要描述（仅当观点得到 1 ～ 3 的评级时才有）。

大多数有力的证据都相似，而不完善的证据往往因其自身的某种问题而不完善，被评定为 3、2 或 1 的观点尤其如此，这就是为什么这些观点需要对其所得分数有进一步的简要说明。以下的一些指导方针可以帮助读者理解每个评级的一般含义。

5——表明支持这一观点的证据极其有力。该研究已被重复多次，这意味着独立的研究人员几乎都找到了支持这一观点的证据。在许多情况下，这意味着研究是在大规模人群中进行的。通常，元分析支持这一观点。在元分析中，许多研究被结合在一起，以确定在对所有研究进行评估时，某一特定现象的影响是否有统计学意义。

4——表明支持这一观点的证据很有力。该研究已被复制多次，证据通常支持该观点。证据还不够完善的可能原因是：这种观点似乎在某些情况下成立，但并非在所有情况下都成立，或者对这一主题缺少大规模的元分析。

3——表明支持这一观点的证据较为有力。在这种情况下，研究确实重复进行，但影响也许只在某些环境中才能被观察到，如在学校而不是在工作场所，或者研究没有在大规模的参与人群中重复进行。如果某一观点相当可靠，但由于是新近发表，以至于没有得到大规模的重复研究，那么它也可以得到 3 的评级。

2——表明支持这一观点的研究不够。原因可能是这项研究的重复研究出现了相互矛盾的结果，或这项研究过于新颖或需要大量工作，以至于独立的研究人员很难进行重复研究。评级为 2 的观点也可能代表，该观点只有在高度特定的情况下才成立，或刚被测试过。

1——表明支持这一观点的证据很少。原因可能是这项研究是新近才出现的，或者很难进行，以至于科学家无法独立地进行重复研究。评级为 1 并不意味着这种观点不正确，只是意味着它还没有大量的支持证据。

评级高并不意味着在所有情况下和所有人身上都能观察到某种特定的效果。以医学为例，即使最先进的、得到充分支持的某一治疗方法，也并非对所有的疾病都有效，甚至对有同样疾病的不同患者也并非都有效。药物的有效性依赖于其特性、患者的生物学特征和疾病特征之间复杂的相互作用。同理，心理效应反映的是一个人的心理与社会环境之间复杂的相互作用。最精妙的心理学理论可以预测何时、何地以及为何会观察到某种效应。

本附录中的评级是对本书中众多观点的有力证据的简短总结。这些数据必然经过了简化，在大多数情况下，都是将几十年的研究成果提炼成一个单一的数字。希望本附录能让读者对本书所依赖的研究工作有一个初步的了解。更广泛地说，希望人们明白，人类共情和善良的科学多么有活力。

附录 3

每章观点科学性评级

引　言　共情的真相

总述：本书首先介绍了共情的一些最基本的概念，包括共情的进化根源，大脑中的生理基础以及它与善良行为之间的关系。因此，本章的观点建立在强有力的理论证据和实证证据之上，并得到了心理学、神经科学、进化生物学和经济学等领域的大量跨学科研究的支持。

观点 0.1：共情与善良和亲社会性有关。等级：5

观点 0.2：进化通过对亲社会个体的选择优势来支持共情。等级：5

观点 0.3：共情者在专业上表现出色。等级：4

观点 0.4：共情者会体验到更多的主观幸福感。等级：4

观点 0.5：与一个人共情比与许多人共情更容易。等级：4

观点 0.6：大脑中的镜像神经元与共情有关。等级：5

第 1 章 成为“好人”还是“坏人”，由你自己决定

总述：本章中的一些观点得到了大量跨学科研究的支持，如共情的遗传因素和环境决定因素。然而，其他观点所需的研究要么太新颖而尚未被复制，要么仍处于形成共识的过程中。

观点 1.1：智商或智力会随经验的积累而改变。等级：5

观点 1.2：共情从某种程度上来说是由基因决定的。等级：5

观点 1.3：儿童所处的环境会影响其共情能力。等级：4

观点 1.4：做了“必要恶行”的人会减少共情。等级：4

观点 1.5：承受巨大痛苦的人往往会因此变得更亲社会。等级：3

有充分的证据支持一种观点，即强烈的痛苦会引发更多的共情和亲社会行为。但在其他情况下，情况恰恰相反：暴力会引发其他暴力，而痛苦会使人变得更加残忍或更容易有虐待倾向。几篇文献综述对何时以及为何痛苦会导致积极的结果而不是恶性循环给出了明晰的理论，但仍需进一步的研究来验证。

观点 1.6：关于共情可塑性的思维模式会影响人们的共情。
等级：1

本章中引用的研究成果是第一次检验共情的思维模式，仍需在更多独立的重复研究中进行检测。有两个研究项目间接地研究了共情思维模式的构建。其中一项研究发现，共情能力较低的人更具有攻击性，但如果他们拥有可塑性思维模式，就不会如此。另一项研究则发现，引起可塑性思维模式并不会增加被试宽恕罪犯的可能性。总的来说，这个观点需要更多的研究，以确认书中所述的关于共情可塑性思维模式的影响是正确的。

第 2 章 会不会与他人共情，完全出自你的选择

总述：本章探讨了人们对情绪和共情的控制，并强调了驱使人们走向或远离共情的动机。其中一些观点是基于多年的确凿证据，但也有一些观点对心理学家来说仍存在争议。

观点 2.1：人们有能力控制和调节自己的情绪。等级：5
观点 2.2：在建立人际关系重要的情境中，人们会增加共情。
等级：3

许多研究支持“共情对建立关系很重要”这一观点。此外，关于孤独感和印象管理的研究也确实表明，在这些情况下人们会增强共情。但是，相对较少的研究明确地创造了这样一种情境，即在这种情境中，关系的建立至关重要，以至于可以因果性地测试归属动机对共情的影响。

观点 2.3：人们会与他人共情以帮助提升自己的道德自我形象。等级：4

观点 2.4：当人们认为共情会带来痛苦时，他们会倾向回避共情。等级：4

观点 2.5：压力会使得共情能力降低。等级：3

有证据表明，压力增加、职业倦怠与共情减少之间存在联系，尤其是在职业倦怠普遍的护理行业。然而，大多数关于这一主题的研究是相关性研究，而不是因果性研究。此外，尽管一些研究表明，压力会使得人们的思考能力降低，但至少有一项研究发现，压力会使得短期的亲社会行为增加。所以，需要更多的实验研究来阐释压力与共情之间的关系。

观点 2.6：当相信共情是一种有价值的规范时，人们会更多地与他人共情。等级：4

观点 2.7：有意识地培养共情会改变大脑。等级：3

几项进行得很好的研究表明，共情和共情训练会导致大脑发生相应的变化。然而，几乎所有的研究都集中在冥想练习引起的大脑变化上，如仁爱冥想。因此，还需要通过认知神经效应研究来提高已有研究的说服力。

第 3 章　建立人际联结，消除群体性偏见

总述：本章的基础是围绕接触理论及其相关观点展开的，这是社会科学中研究最多的领域之一。本章中的大多数观点在不同的背景下都进行了检验，包

括数百项研究和数千名被试。

观点 3.1：与群外人相比，人们更倾向于与自己所在群体的成员共情。等级：5

观点 3.2：在竞争的环境中，人们难以产生共情，而且常常会感到憎恶。等级：5

观点 3.3：接触通常会促使人们对群外人的共情增加。等级：5

观点 3.4：在冲突或竞争中，接触可以促使人们对群外人的共情增加。等级：5

观点 3.5：为了通过接触培养对群外人的共情，特定的条件很有必要，如奥尔波特所展示的。等级：3

许多研究记录了不同情况下接触的影响差异性，但关于接触需要哪些参数才能起作用这一问题，研究人员并未达成一致的意见，这也反映在最近的元分析文献中。

第 4 章　叙事疗愈，用艺术重塑感受

总述：本章讨论了叙事艺术在建立共情方面的作用。与接触理论相比，评估艺术对共情影响的充分而严格的对照研究相对较少。本章的观点得分较低，原因不在于存在负面的研究发现，而在于缺乏系统的复制。包括最近的一项元分析在内的诸多研究，为讲故事对共情的影响提供了新的证据。这一领域的更多研究将有助于确认这些发现或将其纳入研究背景之中。

观点 4.1：戏剧有助于培养共情。评级：3

尽管几项严格的研究有较为理想的发现，但这一领域的其他研究通常都存在几个问题：一是依赖于自我报告；二是没有明显的客观改善；三是没有对照组。所以，需要更多精心设计的实证研究来检验戏剧实践能在多大程度上培养共情。

观点 4.2：文学有助于培养共情。等级：4

观点 4.3：阅读文学作品可以减少犯罪。评级：1

许多研究表明，教育对罪犯有益，也有许多关于阅读疗法，即阅读文学作品对囚犯有益的轶事报道。然而，除了通过“文学改变生活”项目外，几乎没有关于阅读文学作品对减少罪犯再次犯罪的效果的实验研究。

观点 4.4：叙事艺术可以减少群体间的冲突。等级：4

第 5 章　共情疲劳：如何摆脱过度共情的危害

总述：本章揭示了共情在护理背景下的益处和局限性，重点放在了医疗环境上。大多数观点都是建立在证据充分、严谨的研究基础上的，包括大规模随机对照试验和元分析，但有一项观点仍存在争议。

观点 5.1：共情疲劳在医疗行业中普遍存在，且会对医护人员产生伤害。等级：5

观点 5.2：医护人员的共情对患者病情的改善有益。等级：5

观点 5.3：对医护人员来说，共情存在隐患。等级：3

围绕这一观点的研究结果有好有坏：有证据表明，共情会对医疗专业人员产生负面影响，包括倦怠、痛苦和工作效率降低；其他研究则表明，共情可以防止倦怠，并能提高工作效率。如本章所述，这可能取决于医护人员的共情类型是共情痛苦还是共情关怀。

观点 5.4：社会支持对倦怠具有缓冲作用。等级：5

观点 5.5：正念可以减少医护人员的倦怠。等级：5

观点 5.6：正念可以增加医护人员的共情。等级：4

第 6 章　建立善意反馈系统，让组织良性发展

总述：本章的一些观点，如关于规范力量的观点，得到了数十年跨学科研究的极大支持。而其他观点，如关于共情干预改善警务工作和课堂纪律的观点，其可靠性依赖于未来的大规模重复研究。

观点 6.1：社会规范影响人们的思想和行为。等级：5

观点 6.2：人们会遵守感知到的规范，并经常高估极端立场的普遍程度。等级：5

观点 6.3：共情能产生共情：积极的和共情性的规范会传播开来。等级：4

观点 6.4：针对警察的人际关系培训计划有助于改善警务工作效率。等级：3

几项研究表明，专注于警察共情、冲突管理或程序公正的培训可以改善警务工作效率，如帮助警察逐步化解危险局势。然而，很少有研究通过实验方法评估这些训练项目的效果，使用对照组和观察到持续显著效果的研究也相对较少。

观点 6.5：对群内人的共情偏见或者说优先共情，往往会超越个人的整体共情，尤其是群体之间存在冲突时。评级：2

本书引用的埃米尔等人研究是最近发表的，还未被多个独立的研究团体重复检验。虽然该研究与许多关于共情偏见和群体内、群体外共情力量的研究一致，但几乎没有研究直接将共情偏见与整体共情进行比较。因此在许多研究中，关于共情偏见比整体共情更重要的具体论点都未得到实证检验。

观点 6.6：社会和情绪学习项目会带来诸多益处，尤其是对幼儿来说。等级：5

观点 6.7：共情训练有助于改善课堂行为。评级：1

贾森关于这一主题的研究很有前途，实施得也很好，但这项研究太新了，未得到重复，也没有其他研究检验过共情训练在教育环境中的影响。

第 7 章　利用最新科技，激发并培养共情

总述：本章的中心思想是关于科技对人类共情的影响。就像我们讨论的技术一样，很多研究都是新的。然而，本章中关于科技对共情的正负面影响的许多观点，都得到了很好的支持。因此，本章中最具争议性的观点是，科技和网络使用的增加是否会增加或减少共情。正如其他的观点所表明的：这取决于人们如何使用。

观点 7.1：科技和网络使用的增加与共情的减少有关。评价：2

当科技和网络取代面对面交流时，人们会变得不爱交际，也不太可能与周围的人沟通。然而在其他情况下，网络和社交媒体的使用可以促使人们产生更多共情和更开放的思想。换句话说，在线体验究竟是增加还是减少共情，取决于它们是否取代或补充了其他类型的社交互动。

观点 7.2：网络匿名会鼓励网络霸凌。等级：4

观点 7.3：网络回音室会鼓励并奖励极端和情绪化的观点。等级：4

观点 7.4：虚拟现实经验有助于减少刻板印象和歧视。等级：4

观点 7.5：虚拟现实可用于培养共情。等级：4

观点 7.6：在线社区可以为成员提供有意义和有帮助的支持。等级：4

观点 7.7：给予他人帮助的助人者，自己会感到更快乐或更满足。等级：5

结 语 共情的未来

总述：本章的重点是利用共情和相关的情绪来创造一个更美好的未来。虽然其中一些研究得到了很好的证据支持，但应注意很多研究都是新的，因此需要进行更多的直接重复研究，以评估早期工作的可靠性。

观点 8.1：感恩能帮助人们考虑长远。等级：3

几项拥有良好前景的研究表明，感恩有助于促进长远的思考，使人们更有可能推迟满足或为后代做出牺牲。然而，这些证据仍然相对较少，需要进一步的研究来验证这些发现。

观点 8.2：敬畏能激发联结和慷慨。等级：4

观点 8.3：想到遗产时，人们更愿意为后代做出牺牲。等级：3

几项引人注目的研究表明，帮助人们思考遗产问题可以鼓励人们为后代做出牺牲，如通过参与可持续发展活动来应对气候变化。然而，这些研究方向相对较新，需要重复研究验证。

译者后记

共情为何与共情何为

当你的孩子在玩耍时，磕到了地上的一块石头，摔倒在地，接着大哭起来。这时，你会说什么、做什么？

作为一名婚姻家庭咨询师，我常向来访的父母提出这个问题，得到的回答大致可以分为 4 类。

一是：“你看你，不好好走路，这下摔倒了吧！”其实，这类父母说的是：因为你做错了事情，所以才会受到伤害，如果你什么都做好了，就不会遇到问题。这当然是父母的美好愿景，但现实生活真的如此吗？只要我们将事情都做好了，就不会遇到问题吗？

二是：“都怪这块坏石头，不哭不哭，我们打它！”这又在说什么呢？这类父母说的是：你没问题，都是石头的错。进一步来说，如果你遇到了挫折打击，那么都是这个世界的错。真的如此吗？

三是："啊，好了好了，爸爸妈妈抱抱，不痛了不痛了！"这种回答更为常见，是我们惯常安慰他人的方式。不过，父母说不痛就不会痛了吗？

四是："啊，真的好痛啊，让我看看你摔到哪里了！"这是在说什么呢？这类父母说的其实是：我看到了你受到的伤害，我会和你一起面对痛苦。

这 4 种方式分别传达了不同的信息，也会随之产生不同的结果。

第一种是将问题向内归因，近乎指责，容易激起反抗，孩子很可能会哭得更大声。

第二种是将问题向外归因，近乎推卸，容易诱发愤怒，孩子甚至可能会反过来指责父母不提前排除石头。

第三种是否认问题的存在，虽然常见，但并不是很合适，因为这是在否认孩子的真实感受，会让孩子觉得自己不被接纳。父母可以想一想，当自己说"不痛了"之后，孩子的反应是怎样的，是不哭了还是哭得更大声了。

第四种则是共情的方式：换位思考，感同身受，采取行动。换位思考是，如果孩子摔伤了，我也会觉得很痛；感同身受是，自己身体上的痛苦，希望被他人看见；采取行动是，肯定孩子的感受，承认孩子的痛苦，处理孩子的伤口。

一方面，共情能舒缓孩子由身体疼痛引发的心理痛苦，因为当我们的痛苦被他人看到而不是否认的时候，痛苦的程度往往会降低；另一方面，共情也能让孩子更好地为自己负责，因为在遇到困难时，越是感受到他人的理解，我们就越容易把注意力放在解决问题上，而不是想方设法去获取理解和支持。

通过这个例子，我希望将共情这个相对抽象的概念与我们每个人联系起来，展现出共情在家庭生活中的用途。本书则在相关研究的基础上更进一步：将共情视为善良的核心，建议通过培养共情能力来发展人们的善良品质，进而改变整个世界。

本书作者贾米勒·扎基教授对当今世界上人与人之间日渐增加的疏离与冷漠，团体间不断加剧的矛盾和冲突深感担忧，他认为这些问题背后的潜在原因正是共情的衰退和缺失，甚至哀叹“研究共情的心理学家与研究极地冰川的气候学家可能没什么两样：不断发现价值，而在周围，它却一直在逐渐消失”。但他并没有丧失信心，并相信改变这一趋势是可能的，但这需要多个层面的努力，需要个人、团体甚至政府部门的整体干预。

本书正文共有 7 章，主要可分为 3 个部分：前 3 章主要讲述了共情的可塑性，个人如何选择共情，共情改变自己与他人的案例；第 4 章和第 5 章则重点探讨了通过文学、戏剧等艺术形式来提升共情能力的可能，以及过度共情可能带来的负面影响及其应对方法；第 6 章和第 7 章开始以更宏观的视角分析促进对立团体彼此共情的方法，如何在警察和教育系统当中培养共情能力，发展善意行为，以及科技发展带来的共情困境与改善共情现状的新可能性。

本书是对当前共情相关研究的全面汇总与深入探讨，从个人、团体和系统等多个层面诠释了共情的重要作用和价值，以及培养共情能力的种种方法。同时，丰富鲜活的案例与作者个人经历增强了内容的可读性与情绪的感染力，这也正是促进共情的方法。正如作者所言，相比抽象的数字，具体的故事更能打动人心。

我认为，在即将到来的人工智能时代，共情这种在工业社会中不被重视的能力，或许将是人类区别于机器的核心竞争力。我相信，不管是想要生活得更美好的普通人，是想提升专业技力的社会工作者、心理咨询师、高管教练，是想改善团体人际氛围的企业管理者，还是想培养未来更具竞争力的学生的教师，乃至旨在促进社会和谐稳定的政府部门，都可以从本书中获得启迪，有所收益。我更期待本书的出版能有助于我国共情相关研究的蓬勃发展，提升中国文化背景下的共情理论，发展适合我们自己的共情培养方法，促进人际友好、团体互助和社会和谐，“把共情写在祖国大地上”。

最后，尽管我力图将本书翻译到最好，也与扎基教授进行过多次沟通，但因才学有限，疏漏不足之处恐难避免，还请读者朋友不吝指正，欢迎通过邮件（Counselingzjj@163.com）与我交流。

未来，属于终身学习者

我这辈子遇到的聪明人（来自各行各业的聪明人）没有不每天阅读的——没有，一个都没有。巴菲特读书之多，我读书之多，可能会让你感到吃惊。孩子们都笑话我。他们觉得我是一本长了两条腿的书。

———查理·芒格

互联网改变了信息连接的方式；指数型技术在迅速颠覆着现有的商业世界；人工智能已经开始抢占人类的工作岗位……

未来，到底需要什么样的人才？

改变命运唯一的策略是你要变成终身学习者。未来世界将不再需要单一的技能型人才，而是需要具备完善的知识结构、极强逻辑思考力和高感知力的复合型人才。优秀的人往往通过阅读建立足够强大的抽象思维能力，获得异于众人的思考和整合能力。未来，将属于终身学习者！而阅读必定和终身学习形影不离。

很多人读书，追求的是干货，寻求的是立刻行之有效的解决方案。其实这是一种留在舒适区的阅读方法。在这个充满不确定性的年代，答案不会简单地出现在书里，因为生活根本就没有标准确切的答案，你也不能期望过去的经验能解决未来的问题。

而真正的阅读，应该在书中与智者同行思考，借他们的视角看到世界的多元性，提出比答案更重要的好问题，在不确定的时代中领先起跑。

湛庐阅读App：与最聪明的人共同进化

有人常常把成本支出的焦点放在书价上，把读完一本书当作阅读的终结。其实不然。

时间是读者付出的最大阅读成本

怎么读是读者面临的最大阅读障碍

“读书破万卷”不仅仅在“万”，更重要的是在“破”！

现在，我们构建了全新的“湛庐阅读”App。它将成为你“破万卷”的新居所。在这里：

- 不用考虑读什么，你可以便捷找到纸书、电子书、有声书和各种声音产品；
- 你可以学会怎么读，你将发现集泛读、通读、精读于一体的阅读解决方案；
- 你会与作者、译者、专家、推荐人和阅读教练相遇，他们是优质思想的发源地；
- 你会与优秀的读者和终身学习者为伍，他们对阅读和学习有着持久的热情和源源不绝的内驱力。

从单一到复合，从知道到精通，从理解到创造，湛庐希望建立一个“与最聪明的人共同进化”的社区，成为人类先进思想交汇的聚集地，与你共同迎接未来。

与此同时，我们希望能够重新定义你的学习场景，让你随时随地收获有内容、有价值的思想，通过阅读实现终身学习。这是我们的使命和价值。

CHEERS

本书阅读资料包

给你便捷、高效、全面的阅读体验

本书参考资料

湛庐独家策划

- 参考文献
  为了环保、节约纸张，部分图书的参考文献以电子版方式提供
- 主题书单
  编辑精心推荐的延伸阅读书单，助你开启主题式阅读
- 图片资料
  提供部分图片的高清彩色原版大图，方便保存和分享

相关阅读服务

终身学习者必备

- 电子书
  便捷、高效，方便检索，易于携带，随时更新
- 有声书
  保护视力，随时随地，有温度、有情感地听本书
- 精读班
  2~4周，最懂这本书的人带你读完、读懂、读透这本好书
- 课　程
  课程权威专家给你开书单，带你快速浏览一个领域的知识概貌
- 讲　书
  30分钟，大咖给你讲本书，让你挑书不费劲

湛庐编辑为你独家呈现
助你更好获得书里和书外的思想和智慧，请扫码查收！

（阅读资料包的内容因书而异，最终以湛庐阅读App页面为准）

The War for Kindness

Copyright © 2019 by Jamil Zaki

Published by arrangement with The Gernert Company, Inc. through Bardon-Chinese Media Agency

All rights reserved.

本书中文简体字版经作者授权，由中国纺织出版社有限公司独家出版发行。本书内容未经出版者书面许可，不得以任何方式或任何手段复制、转载或刊登。

著作权合同登记号：图字：01-2021-3858 号

版权所有，侵权必究

本书法律顾问　北京市盈科律师事务所　崔爽律师

张雅琴律师

图书在版编目（CIP）数据

选择共情 /（秘）贾米勒·扎基（Jamil Zaki）著；张俊杰译. -- 北京 : 中国纺织出版社有限公司，2021.7

书名原文：The War for Kindness

ISBN 978-7-5180-8667-2

Ⅰ. ①选… Ⅱ. ①贾… ②张… Ⅲ. ①心理交往—通俗读物 Ⅳ. ①C912. 11-49

中国版本图书馆CIP数据核字（2021）第128520号

责任编辑：闫　星　　责任校对：高　涵　　责任印制：储志伟

中国纺织出版社有限公司出版发行

地址：北京市朝阳区百子湾东里 A407 号楼　邮政编码：100124

销售电话：010—67004422　传真：010—87155801

http://www.c-textilep. com

中国纺织出版社天猫旗舰店

官方微博 http://weibo.com/2119887771

唐山富达印务有限公司印刷　各地新华书店经销

2021年7月第1版第1次印刷

开本：710 × 965　1/16　印张：14.5

字数：211千字　定价：79.90元

凡购本书，如有缺页、倒页、脱页，由本社图书营销中心调换